ebv
www.eBuch-Verlag.de

OFF-ROADBOOK – VELEBIT (HR)(BiH)
*STEFAN MEUWLY*

Nema problema! 12 Schottertouren mit GPS-Daten.

ISBN 3-936408-06-8
Preis: 15,80 €
Herstellung: Books on Demand GmbH


Postfach 1365
D-83293 Traunreut

**Inhalt**

## Vorwort

### Off-Roadbook - Velebit

Der Gebirgszug des *Velebit* dominiert mit seinen blanken Felsformationen unübersehbar das Bild der Dalmatinischen Küste schon ab *Rijeka*. Viel fotografiert, gemalt und betrachtet ob seiner facettenreichen Stimmungen im Wechsel der Tageszeiten. Von den Skippern der Adria argwöhnisch beobachtet, weil das schmale Wolkenband, das sich bisweilen wie ein Tuch über die Gipfel hängt und den gefürchteten Fallwind, die Bora, ankündigt. Schroffer, weißer Fels auf der Seeseite, ausgedehnte Wälder, alte und neue Heimat von Bären und Wölfen auf der Landseite und dazwischen lange, Verbotsschilder freie Schotterstrecken. An der Küste herrliche Ausblicke auf Meer und Inselwelt, tiefer im Land auf Flüsse, Seen, einsame Täler, die Schluchten des Balkan.

Die Einsamkeit und die oft weiten unbewohnten Strecken sind es auch, die ein Befahren mit zwei und mehr Mobilen anraten lassen. Aber nicht nur wegen möglicher Hilfeleistung, sondern einfach wegen der Geselligkeit im abendlichen Wildniscamp.

Die Bewohner der Bergregion sind freundlich, hilfsbereit und dankbar, Tugenden die man bei den Touristengeld verwöhnten Küstenbewohnern manchmal vermissen muss. Auch preislich gibt es ein starkes Gefälle. So zahlt man in *Gospic* für einen Mittagstisch etwa die Hälfte als für Vergleichbares in *Zadar* gefordert wird.

Hässlich ist die noch allgegenwärtige Zerstörung aus der Kriegszeit und bedrohlich die Verminung an ehemaligen Frontlinien. Doch ohne die nötigen Finanzströme kann sich in dieser zweiten Reihe so schnell nichts ändern, fangen wir doch einfach mit unserer Urlaubskasse dort an. Das neu entdeckte Offroad-Eldorado ist es bestimmt wert!

Grundsätzlich kann natürlich keine Garantie für die künftige, freie Befahrbarkeit der einzelnen Strecken übernommen werden. Ich habe jedoch alle Touren, für die vorliegende Auflage, im August und September 2002 abgefahren und dabei keine Sperrschilder missachtet!

Wenn Ihnen dieser Offroad-Reiseführer gefallen hat, dann empfehlen sie ihn doch bitte weiter. Der zeitliche und finanzielle Aufwand zur Herstellung ist beachtlich und weitere Ausgaben kann es nur bei entsprechender Nachfrage geben.

Stefan Meuwly

°ooOoo°

## Alphabet und Aussprache

Aus Gründen der Formatierung wurde im Textteil auf die Mischung lateinischer und kroatischer Zeichensätze verzichtet. Entnehmen Sie bitte die korrekte Schreibweise der Ortsnamen Ihrer Landkarte. Wichtig zum Fragen nach dem Weg ist die Aussprache der Buchstaben; machen sie sich am Besten einen Spickzettel und legen diesen der Straßenkarte bei.

| | Laut | Beispiel |
|---|---|---|
| A a | a | das |
| B b | b | |
| C c | z | |
| Č č | tsch | |
| Ć ć | tch | Hü-tch-en |
| D d | d | |
| Dž dž | dsch | Dschungel |
| Đ đ | dj | |
| E e | ä | Nässe |
| F f | f | |
| G g | g | |
| H h | ch | Krach |
| I i | i | Miete |
| J j | j | |
| K k | k | |
| L l | l | |
| Lj lj | lj | |
| M m | m | |

| | | |
|---|---|---|
| N n | n | |
| Nj nj | nj | |
| O o | o | oft |
| P p | p | |
| R r | r | |
| S s | ss | |
| Š š | sch | |
| T t | t | |
| U u | u | Mut |
| V v | w | |
| Z z | s | |
| Ž ž | sch | Journal |

Allgemeine Regeln:

Wörter werden nie auf der letzten Silbe betont. Einsilbige Wörter haben stets fallende Intonation. Vokale in Doppellauten werden getrennt ausgesprochen:

Auto - auto (a-uto)
Rheuma - reuma (re-uma)

## Delnice – Novi Vinodolski

Ein Schleichweg an die Adria. *Velika Kapella* wird das Gebiet genannt und stellt eine gute Alternative zum Verkehrschaos in *Rijeka* und den Lkw's auf der Inlandroute dar.

Egal, ob Sie via dem *Karawankentunnel* oder über einen der schönen Alpenpässe nach Slowenien gekommen sind, auf dem Autobahnring um *Ljubljana* folgen Sie erst den Schildern Richtung Zagreb und verlassen die Autobahn dann bei der Ausfahrt *Ljubljana-jug* auf die Strasse Nummer 6 nach *Lavrica.* Weiter geht es durch *Kocevje* und über die Grenze nach Kroatien bei *Brod na Kupi* bis *Delnice.* Dort nehmen Sie die Landstraße Nummer 501 Richtung *Rijeka* und verlassen diese nach fünf Kilometern nach links Richtung *Mrkopali.*

An dieser Kreuzung beginnt die Tour und ist der Tageszähler auf null zu stellen. Bei Kilometer 2,3 biegen Sie nach rechts Richtung *Fuzine* ab und achten im Ort *Vrata* bei Kilometer 9,2 auf die unscheinbare Abzweigung nach links zur eigentlichen Offroad-Strecke. Zwischen einem Trafo-Häuschen und dem Warnschild eines Bahnübergangs geht es rein, ein Schild nach *Pilana Cebuhar* gibt letzte Sicherheit.

Bei Kilometer 11,9 endet die Teerdecke und schattige Buchenwälder machen sommerliche Temperaturen erträglich. Es folgen Täler mit Wochenendhäuschen und Mischwälder mit bizarren Steinformationen, aber erst bei Kilometer 46 wird der Blick aufs Meer frei. Kurz danach der Startplatz für Gleitschirmflieger und eigentlich auch ein guter Platz zur Übernachtung.

Von hier führt die schmale Teerstraße hinunter zur Küste, mündet in *Blaskovici* in die regionale Verbindung nach *Novi Vinodolski* an der Küsten-Magistrale, dem Ende dieser Tour.

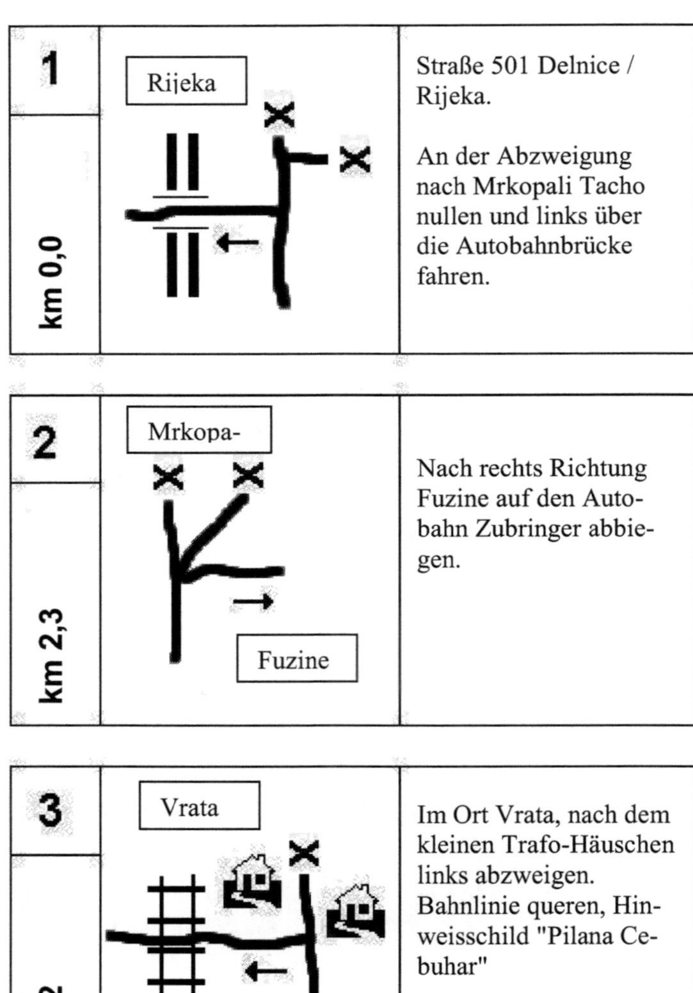

| | | | |
|---|---|---|---|
| 1 | km 0,0 | Rijeka | Straße 501 Delnice / Rijeka.<br><br>An der Abzweigung nach Mrkopali Tacho nullen und links über die Autobahnbrücke fahren. |
| 2 | km 2,3 | Mrkopa-<br>Fuzine | Nach rechts Richtung Fuzine auf den Autobahn Zubringer abbiegen. |
| 3 | km 9,2 | Vrata | Im Ort Vrata, nach dem kleinen Trafo-Häuschen links abzweigen. Bahnlinie queren, Hinweisschild "Pilana Cebuhar"<br><br>N 45°18'51,1"<br>E 014°43'37,7" |

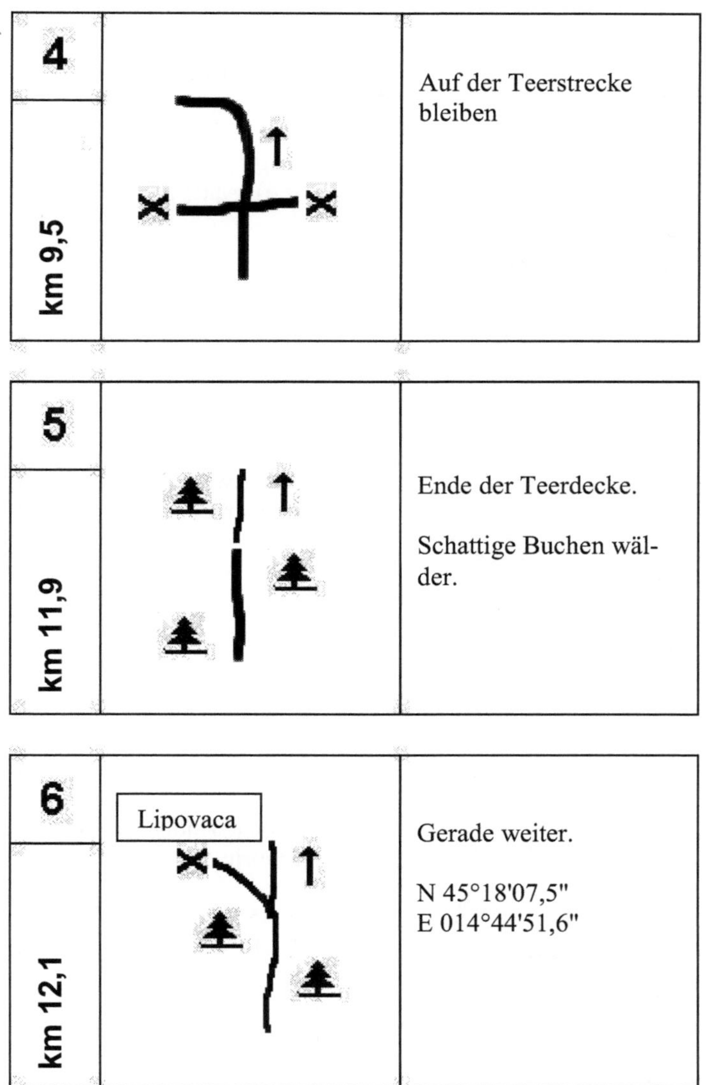
4
km 9,5
Auf der Teerstrecke bleiben
5
km 11,9
Ende der Teerdecke.
Schattige Buchen wälder.
6
km 12,1
Lipovaca
Gerade weiter.
N 45°18'07,5"
E 014°44'51,6"

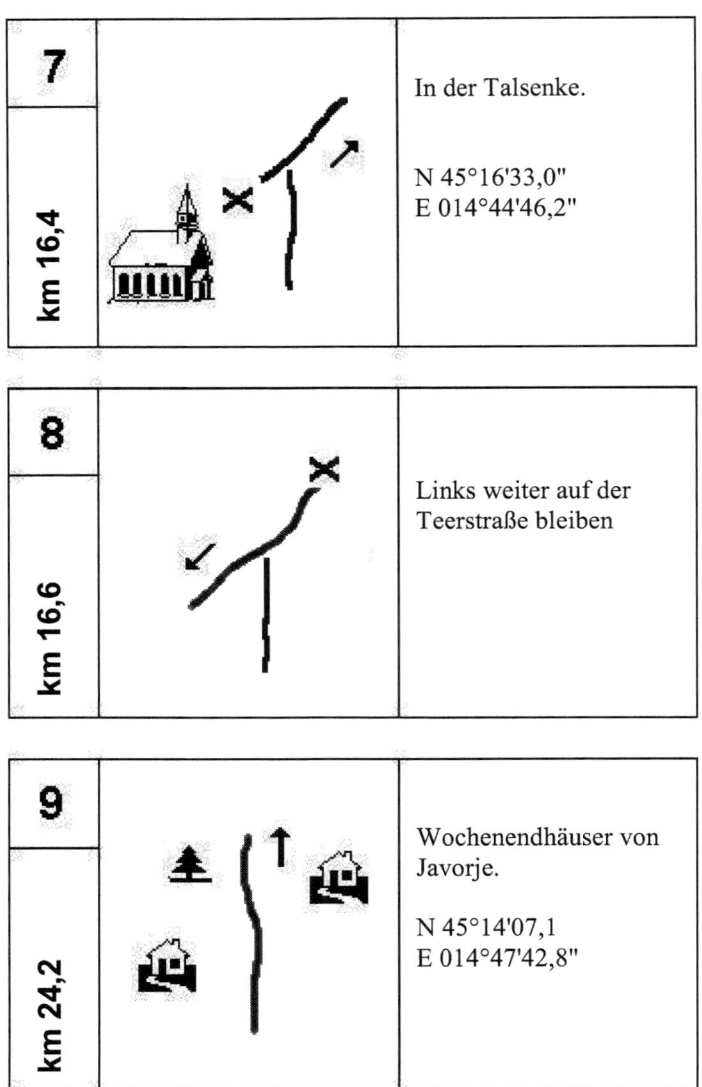

| Nr. / km | Skizze | Beschreibung |
| --- | --- | --- |
| 7<br>km 16,4 | | In der Talsenke.<br><br>N 45°16'33,0"<br>E 014°44'46,2" |
| 8<br>km 16,6 | | Links weiter auf der Teerstraße bleiben |
| 9<br>km 24,2 | | Wochenendhäuser von Javorje.<br><br>N 45°14'07,1<br>E 014°47'42,8" |

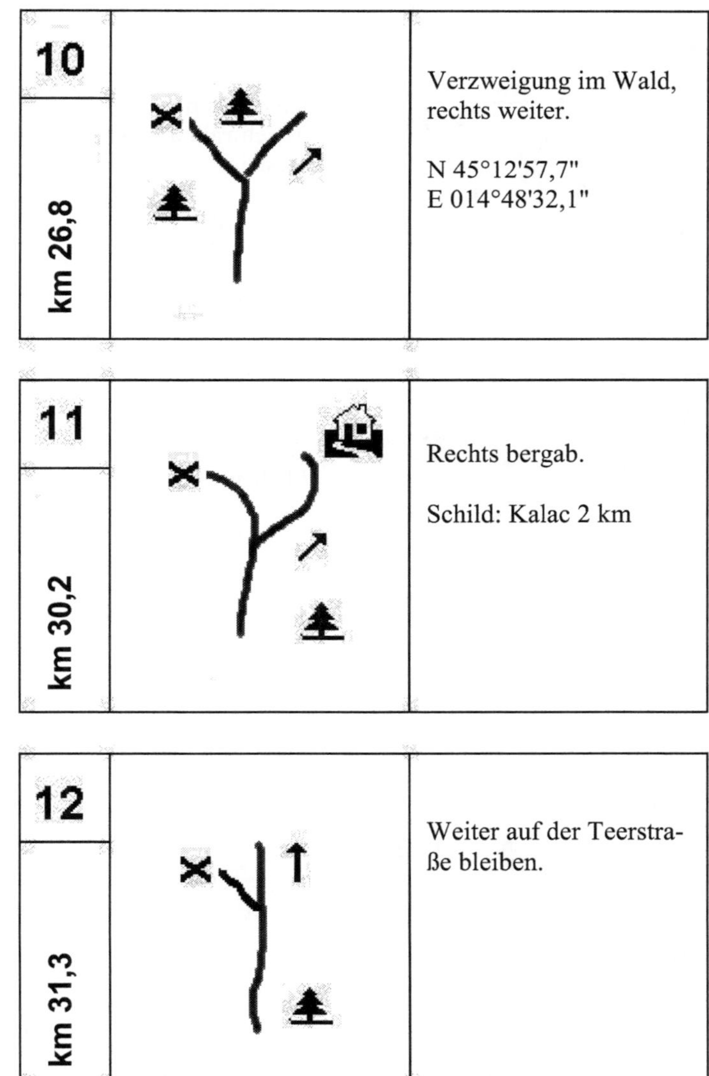

| | | |
|---|---|---|
| 10 | km 26,8 | Verzweigung im Wald, rechts weiter.<br><br>N 45°12'57,7"<br>E 014°48'32,1" |
| 11 | km 30,2 | Rechts bergab.<br><br>Schild: Kalac 2 km |
| 12 | km 31,3 | Weiter auf der Teerstraße bleiben. |

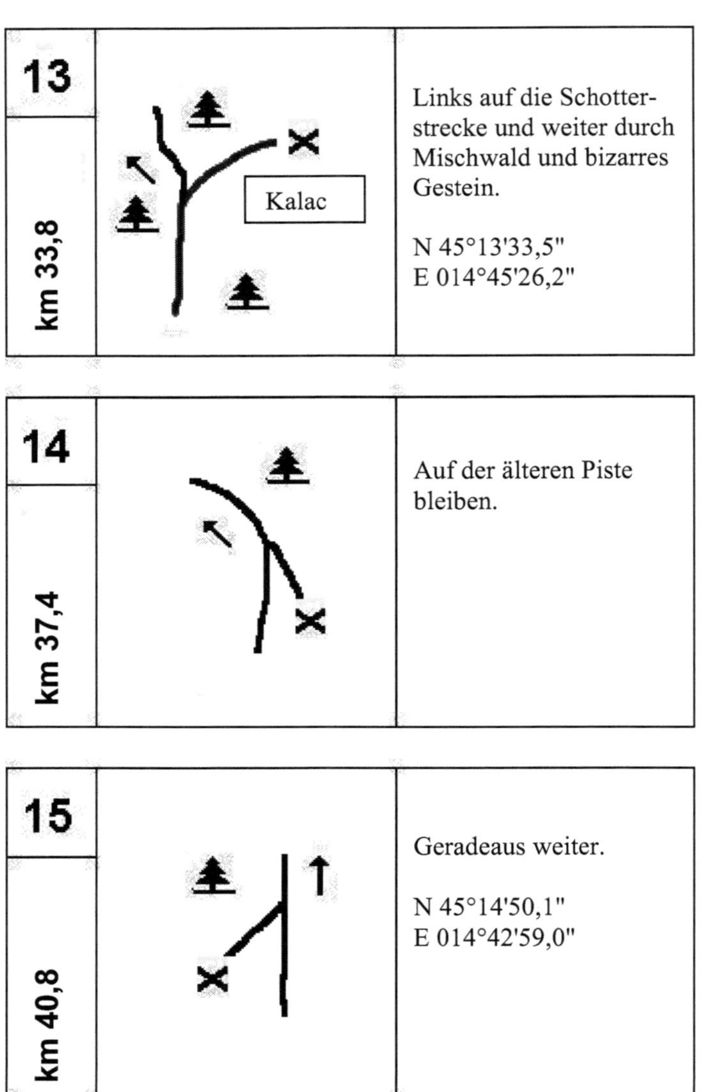


| | | |
|---|---|---|
| 13 | km 33,8 | Links auf die Schotterstrecke und weiter durch Mischwald und bizarres Gestein.<br><br>N 45°13'33,5"<br>E 014°45'26,2" |
| 14 | km 37,4 | Auf der älteren Piste bleiben. |
| 15 | km 40,8 | Geradeaus weiter.<br><br>N 45°14'50,1"<br>E 014°42'59,0" |

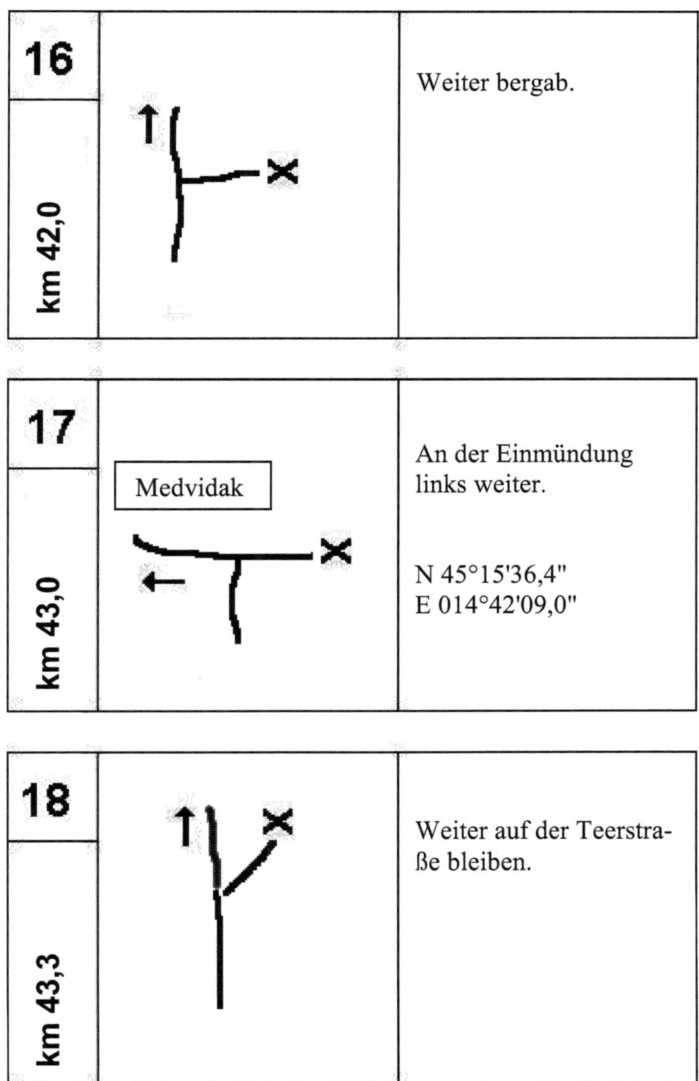


| | | |
|---|---|---|
| 16 | km 42,0 | Weiter bergab. |
| 17 | km 43,0 | An der Einmündung links weiter.<br><br>N 45°15'36,4"<br>E 014°42'09,0" |
| 18 | km 43,3 | Weiter auf der Teerstraße bleiben. |

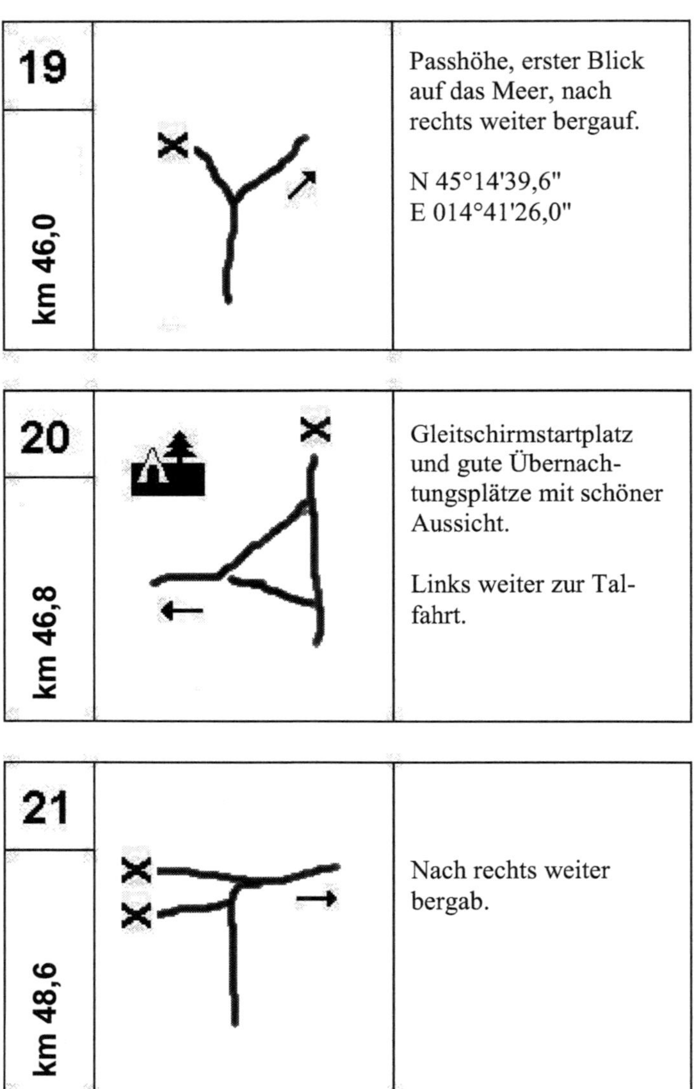

| | | |
|---|---|---|
| 19<br>km 46,0 | | Passhöhe, erster Blick auf das Meer, nach rechts weiter bergauf.<br><br>N 45°14'39,6"<br>E 014°41'26,0" |
| 20<br>km 46,8 | | Gleitschirmstartplatz und gute Übernachtungsplätze mit schöner Aussicht.<br><br>Links weiter zur Talfahrt. |
| 21<br>km 48,6 | | Nach rechts weiter bergab. |

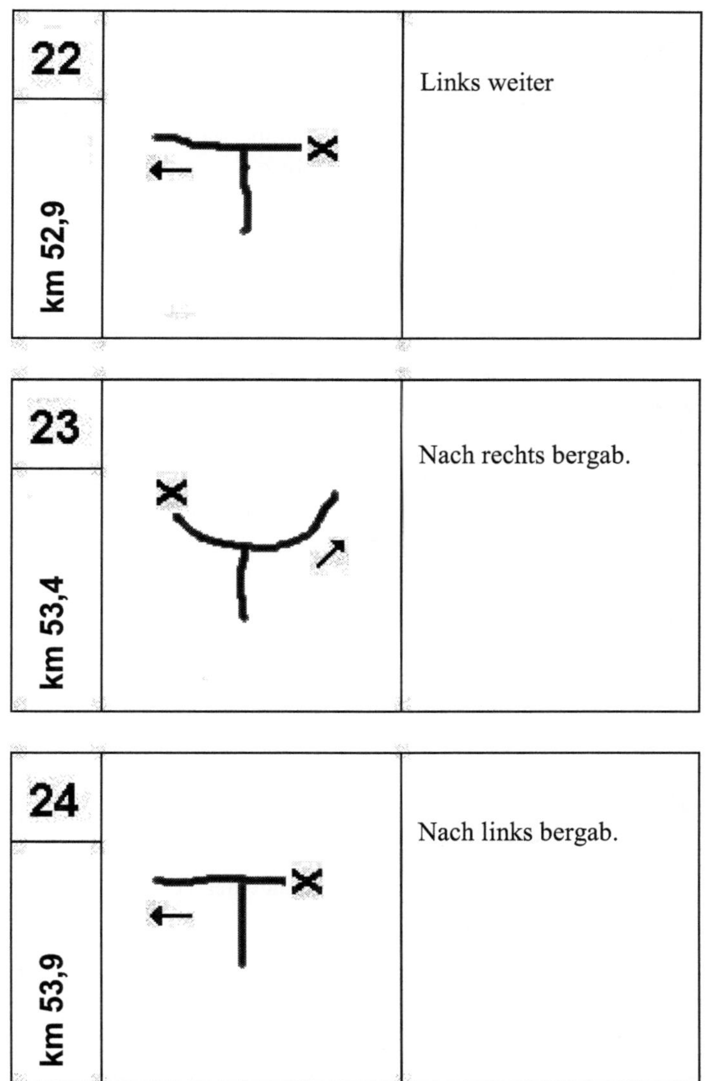
22
km 52,9
Links weiter
23
km 53,4
Nach rechts bergab.
24
km 53,9
Nach links bergab.

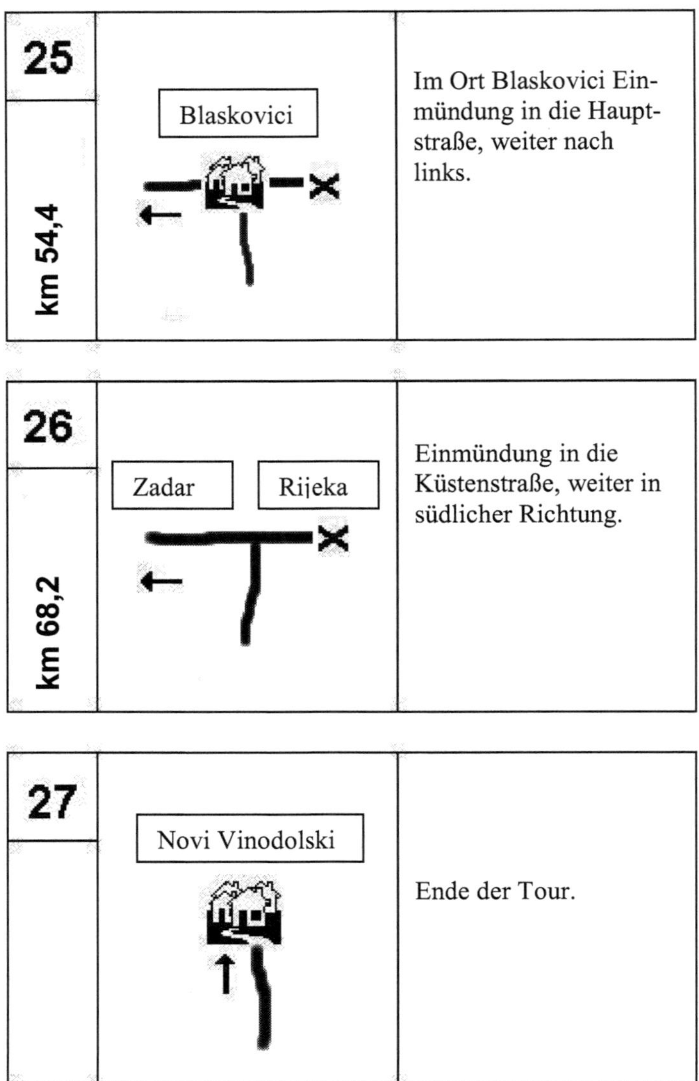

| 25 | km 54,4 | Blaskovici | Im Ort Blaskovici Einmündung in die Hauptstraße, weiter nach links. |
| --- | --- | --- | --- |
| 26 | km 68,2 | Zadar / Rijeka | Einmündung in die Küstenstraße, weiter in südlicher Richtung. |
| 27 | | Novi Vinodolski | Ende der Tour. |

Skizzen und Notizen

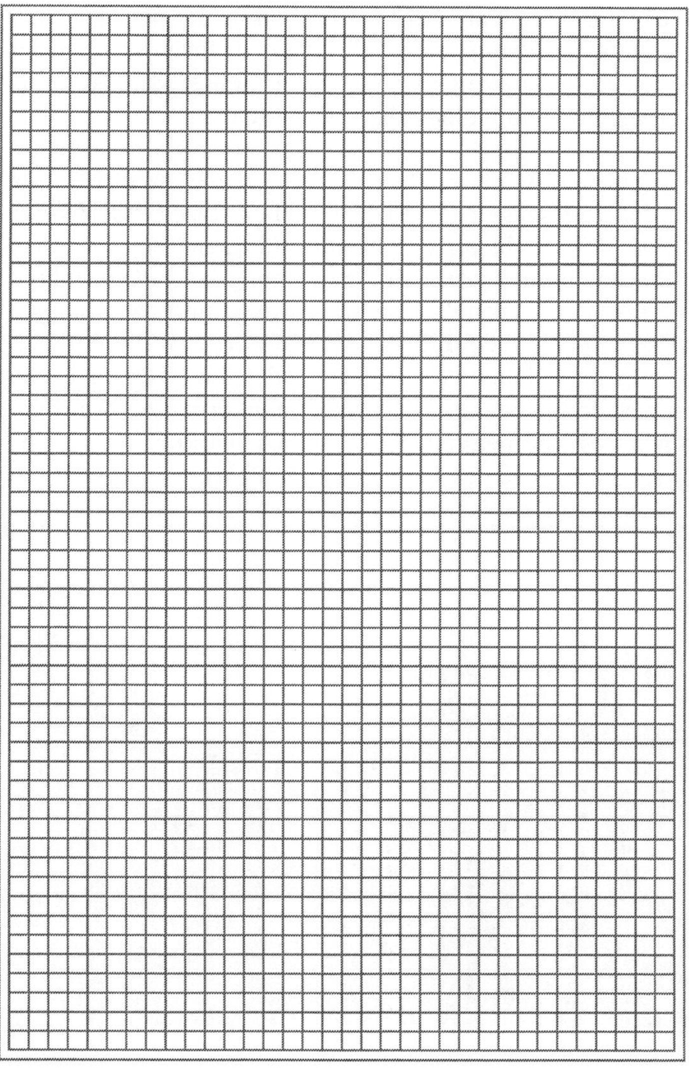

**Jablanac – Gospic**

Wer vom Trubel an der Küste schon genug hat, der kann gleich bei *Jablanac*, dem Fährhafen zur Insel *Rab*, wieder in die Ruhe abzweigen. Eine grobe Schotterstrecke, eine Schutzhütte und viele Steinpilze warten.

Ausgangspunkt ist die Tankstelle an der Küstenstraße, da ist der Tageszähler auf null zu stellen. Der Ort *Jablanac* selbst liegt nicht an der Hauptroute, sondern ein Stück tiefer unten am Meer. Zur Abzweigung ins *Velebit* fahren wir von der Tankstelle Richtung *Rijeka* und nach einigen Metern rechts weg und auf schmaler Teerstraße bergauf. Knapp neun Kilometer danach endet die Teerdecke und eine Schotterstrecke, die jedem Bahnkörper zur Ehre gereichen würde beginnt. Kurz danach markiert eine große Tafel die Grenze des *Velebit*-Nationalparks.

Nach 17 Kilometern haben wir den Sattel erreicht und könnten nach rechts unter den rostigen Resten einer Seilbahn durch, an einen schönen Aussichtspunkt an der Bergkante fahren. Je nach Tageszeit wäre hier der Platz für das Zelt mit Blick auf den Sonnenuntergang hinter der Insel *Rab*. Bei ungünstiger Witterung oder mangelndem Zelt liegt nur 400 Meter weiter die Schutzhütte *Veli Alan*. Im Hochsommer soll sie bewirtschaftet sein, sonst steht sie aber kostenlos und unverschlossen den Gästen des Nationalparks zur Verfügung. Man findet dort eine kleine Küche und im Obergeschoss mehrere Räume mit Matratzenlagern. Planen Sie diese Touren nicht zu früh im Jahr, sonst stehen Sie wie wir im April plötzlich vor meterhohem Altschnee!

Die stillgelegte Seilbahn diente übrigens nicht, wie man vermuten könnte, in der Blütezeit des Sozialismus den Funktionären zum winterlichen Skivergnügen, sondern wurde zum Abtransport der hier geschlagenen Buchenstämme gebaut. Auch an der Küstenstraße, kurz vor unserer Abzweigung, steht ein weiteres Relikt aus jenen Tagen in Form eines künstlichen Tunnels auf freier Strecke. Es sollte den Verkehr unter den schwebenden Lasten schützen.

So schneefrei, geht es weiter auf einer leicht hügeligen Hochfläche. Almmatten und Wälder wechseln sich ab und für ein üppiges Pilzgericht reichte ein geübter Blick aus dem fahrenden Wagen. Nach 12 weiteren Kilometern sind wir im Tal und fahren an den Ferienhäusern von *Stirovaca* vorbei und tauchen wieder ein in das ausgedehnte Forstgebiet. Bei Kilometer 18,8 sind wir schon auf dem Sattel der letzten Erhebung und fahren bergab *Pazariste* und *Gospic* entgegen.

Bei der Einmündung in Regionalstraße bei *Klanac* endet die Tour. *Gospic* bietet alle Möglichkeiten der Versorgung. Von *Klanac* nach links erreicht man in zwei Kilometern eine Brücke über den Stausee *Kruscicko*. Der Feldweg rechts vor der Brücke führt zu schönen Pausen- oder Übernachtungsplätzen am Ufer abseits der Hauptstraße.

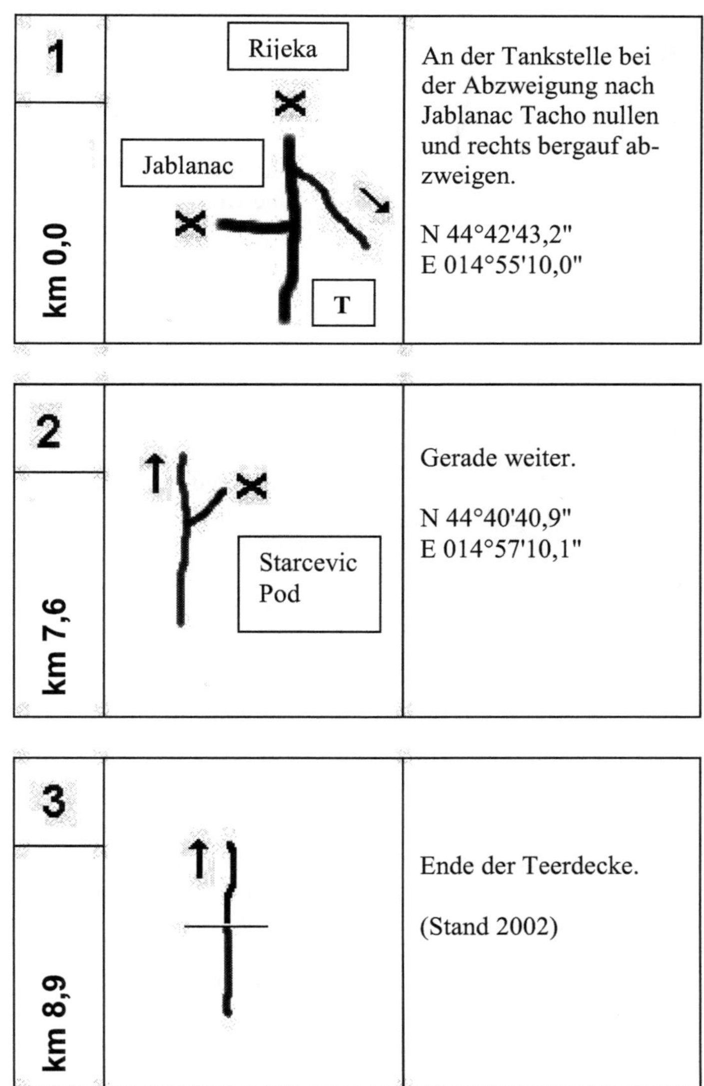

| Nr. | km | Skizze | Beschreibung |
|---|---|---|---|
| 1 | km 0,0 | Rijeka<br>Jablanac<br>T | An der Tankstelle bei der Abzweigung nach Jablanac Tacho nullen und rechts bergauf abzweigen.<br><br>N 44°42'43,2"<br>E 014°55'10,0" |
| 2 | km 7,6 | Starcevic Pod | Gerade weiter.<br><br>N 44°40'40,9"<br>E 014°57'10,1" |
| 3 | km 8,9 | | Ende der Teerdecke.<br><br>(Stand 2002) |

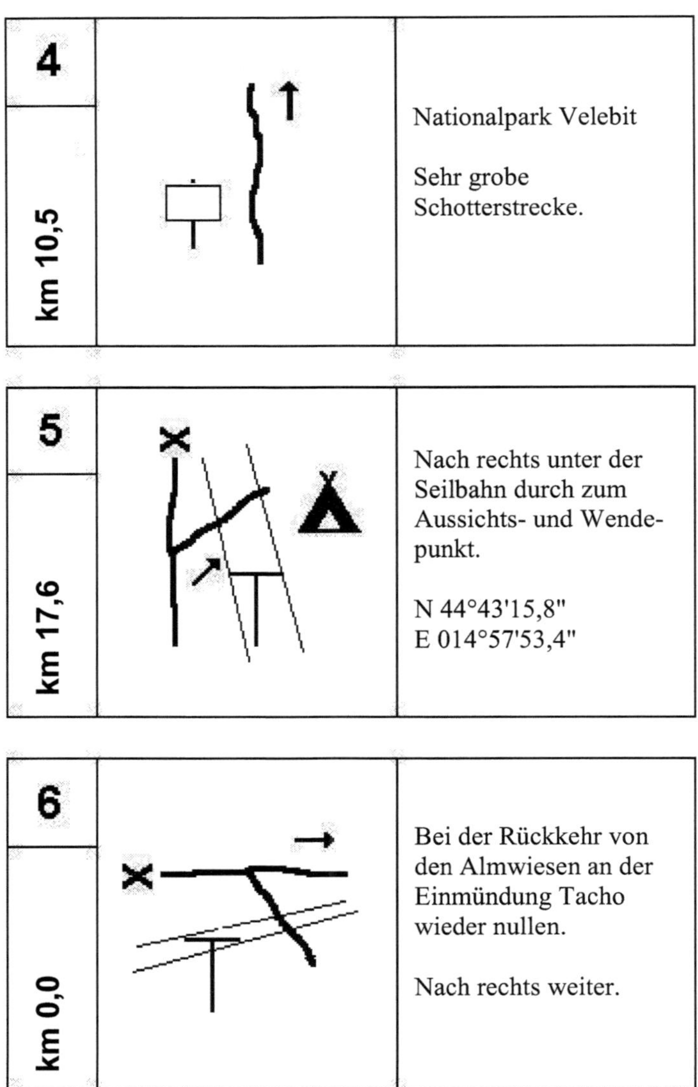

| Nr. | km | Beschreibung |
|---|---|---|
| 4 | km 10,5 | Nationalpark Velebit<br><br>Sehr grobe Schotterstrecke. |
| 5 | km 17,6 | Nach rechts unter der Seilbahn durch zum Aussichts- und Wendepunkt.<br><br>N 44°43'15,8"<br>E 014°57'53,4" |
| 6 | km 0,0 | Bei der Rückkehr von den Almwiesen an der Einmündung Tacho wieder nullen.<br><br>Nach rechts weiter. |

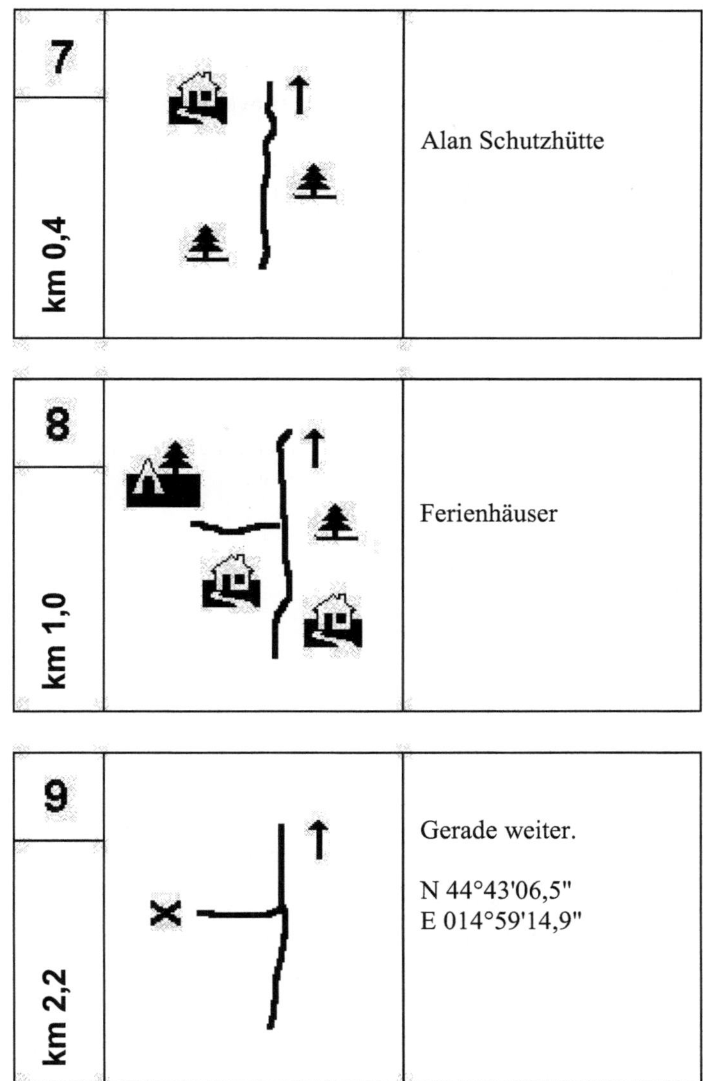

| Nr. | km | Beschreibung |
|---|---|---|
| 7 | km 0,4 | Alan Schutzhütte |
| 8 | km 1,0 | Ferienhäuser |
| 9 | km 2,2 | Gerade weiter.<br>N 44°43'06,5"<br>E 014°59'14,9" |

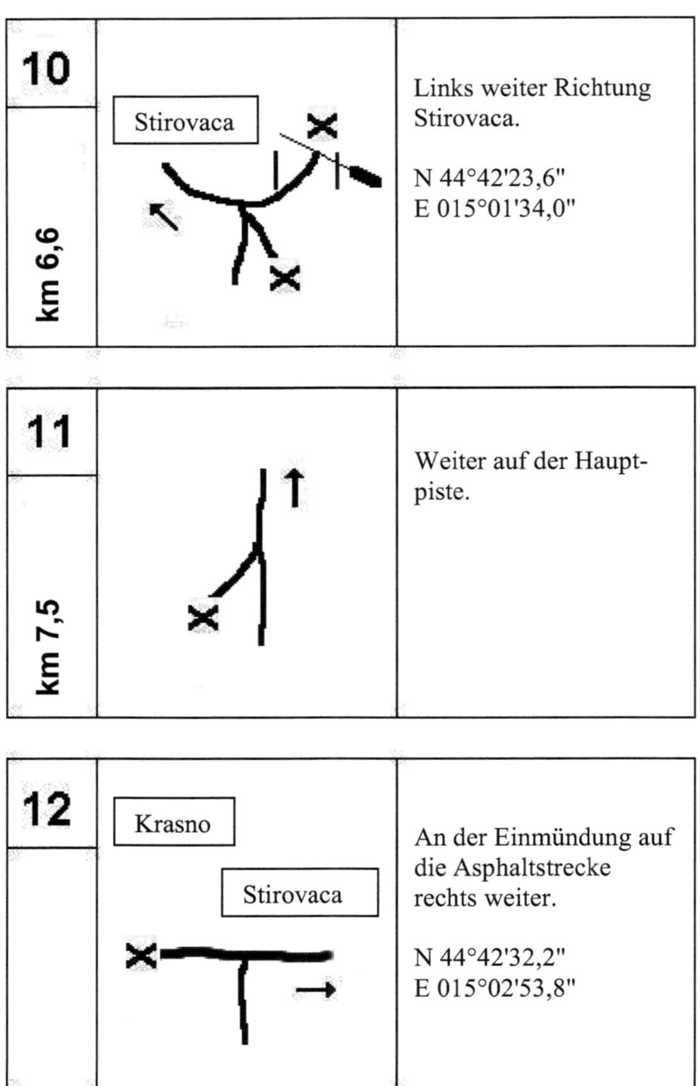

| Nr. / km | Skizze | Beschreibung |
|---|---|---|
| 10<br>km 6,6 | Stirovaca | Links weiter Richtung Stirovaca.<br><br>N 44°42'23,6"<br>E 015°01'34,0" |
| 11<br>km 7,5 | | Weiter auf der Haupt-piste. |
| 12 | Krasno<br>Stirovaca | An der Einmündung auf die Asphaltstrecke rechts weiter.<br><br>N 44°42'32,2"<br>E 015°02'53,8" |

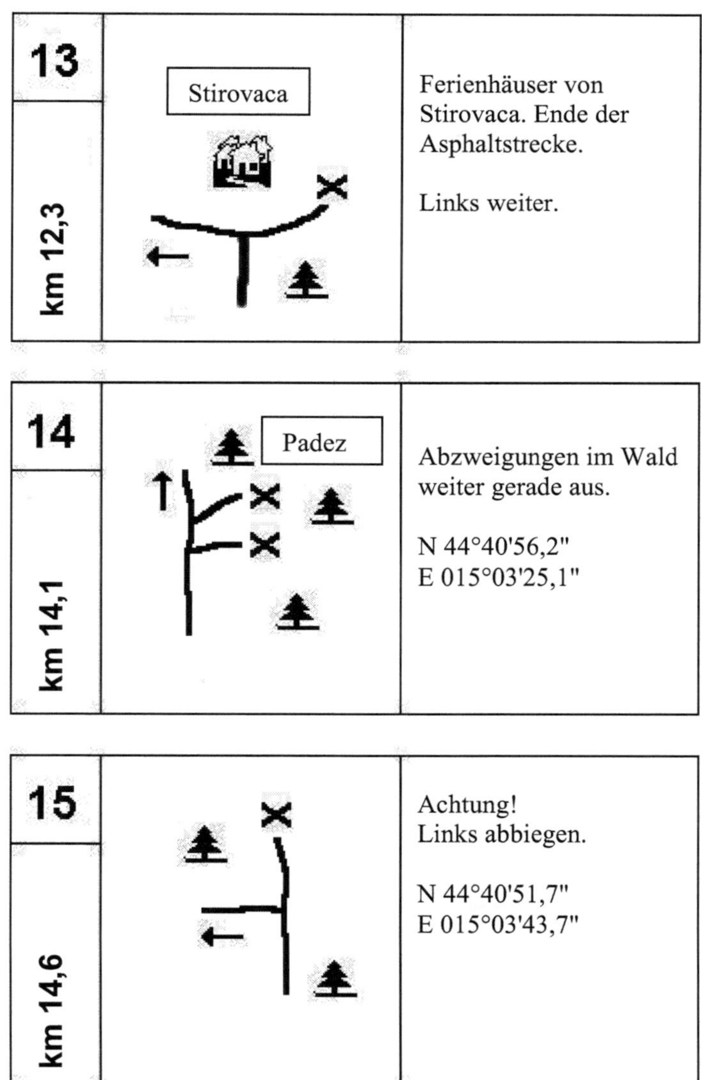

| Nr. | km | Skizze | Beschreibung |
|---|---|---|---|
| 13 | km 12,3 | Stirovaca | Ferienhäuser von Stirovaca. Ende der Asphaltstrecke.<br><br>Links weiter. |
| 14 | km 14,1 | Padez | Abzweigungen im Wald weiter gerade aus.<br><br>N 44°40'56,2"<br>E 015°03'25,1" |
| 15 | km 14,6 | | Achtung!<br>Links abbiegen.<br><br>N 44°40'51,7"<br>E 015°03'43,7" |

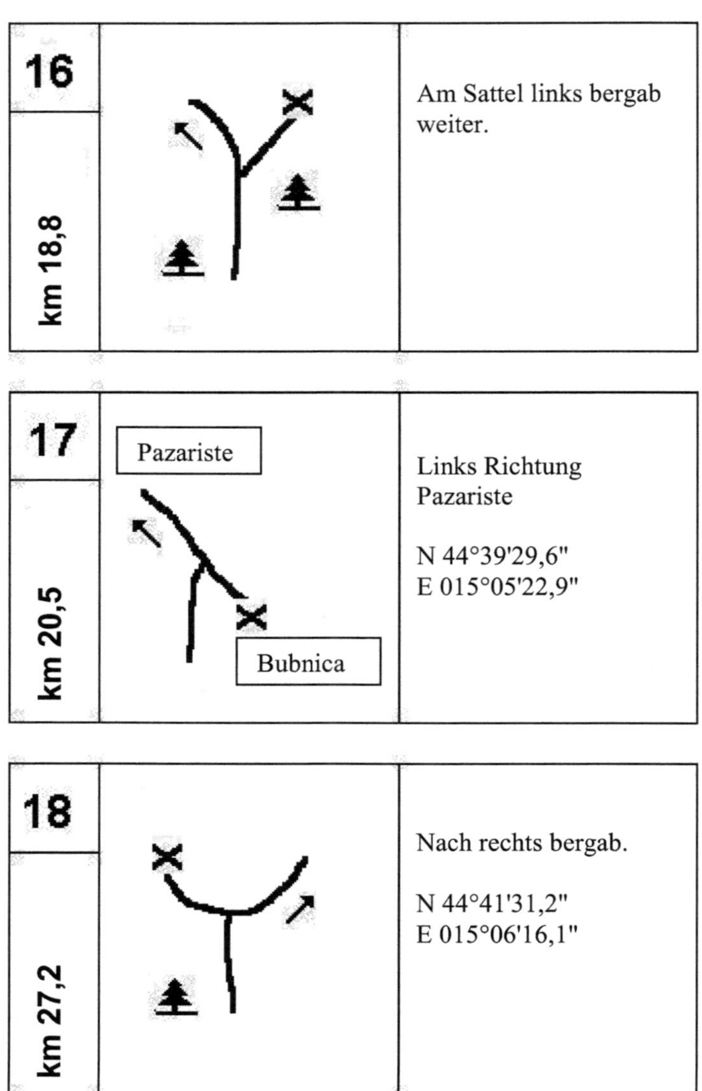

| Nr. | km | Skizze | Beschreibung |
|---|---|---|---|
| 16 | km 18,8 | | Am Sattel links bergab weiter. |
| 17 | km 20,5 | Pazariste / Bubnica | Links Richtung Pazariste<br><br>N 44°39'29,6"<br>E 015°05'22,9" |
| 18 | km 27,2 | | Nach rechts bergab.<br><br>N 44°41'31,2"<br>E 015°06'16,1" |

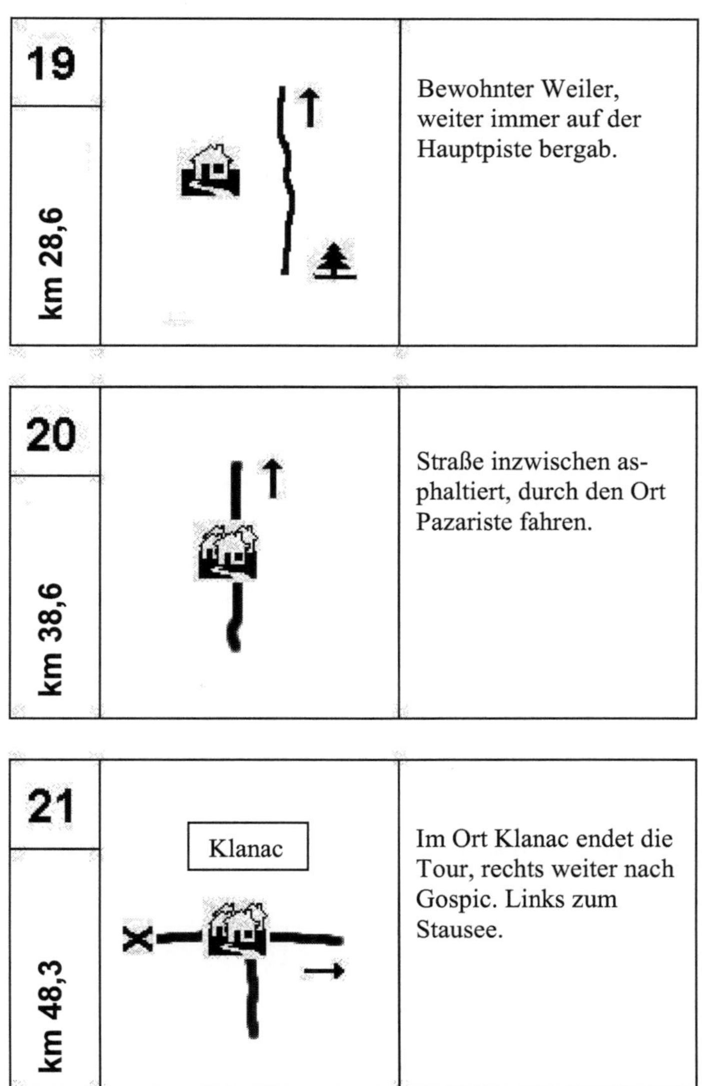

| Nr. | km | Skizze | Beschreibung |
|---|---|---|---|
| 19 | km 28,6 | | Bewohnter Weiler, weiter immer auf der Hauptpiste bergab. |
| 20 | km 38,6 | | Straße inzwischen asphaltiert, durch den Ort Pazariste fahren. |
| 21 | km 48,3 | Klanac | Im Ort Klanac endet die Tour, rechts weiter nach Gospic. Links zum Stausee. |

Skizzen und Notizen

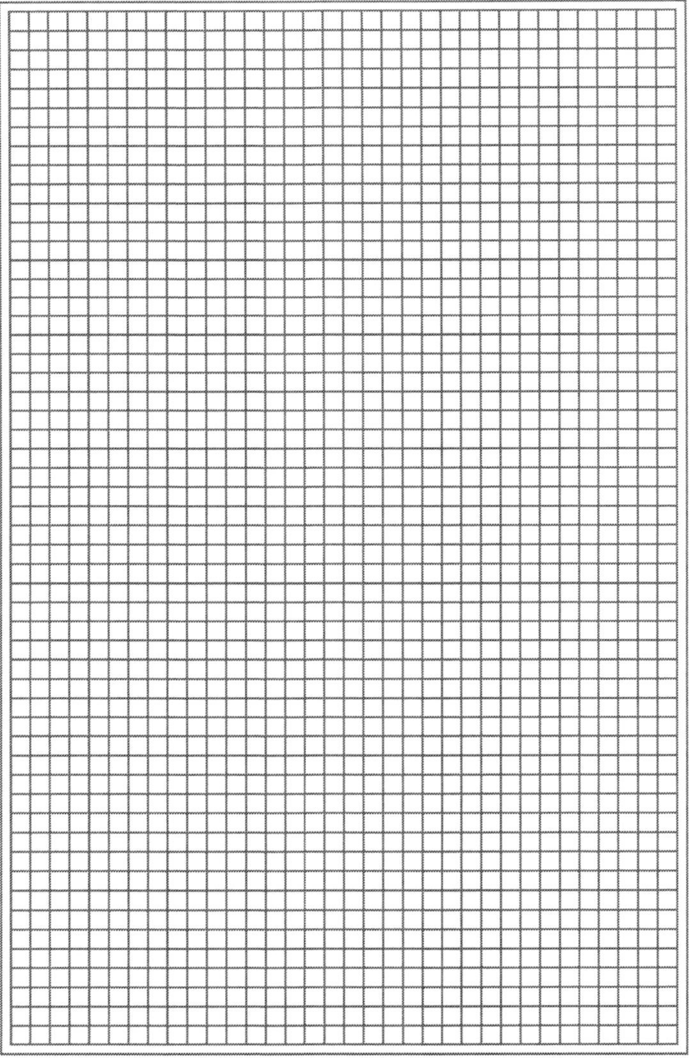

**Sveti Rok – Obrovac**

*Sveti Rok* liegt an der Straße Nummer 50 zwischen *Gospic* und *Gracac*. Den Tageszähler stellen wir an der Abzweigung beim Schild *Velebit Natur Park* auf null.

Die ersten sechs Kilometer fahren wir auf der Teerstraße, die zur Tunnelbaustelle führt, dann geht es am nächsten Natur Park-Schild rechts ab und bergauf. Die zehn Kilometer lange Schotterstrecke zur Passhöhe und der Ruine der Schutzhütte *Mali Alan* verläuft größtenteils im Wald und ohne Schwierigkeiten.

Beiderseits der *Alan*-Ruine warnen Tafeln vor Minen und so ist in diesem ehemals umkämpften Frontabschnitt auf Geländegänge zu verzichten. Besonders bei Fotostandpunkten rund um das gepanzerte Fahrzeug, das dort gerade seine letzte Schlacht gegen die Natur verliert.

Bei Kilometer 18,9 am Wegpunkt 10 führt ein sehr steiler Weg links hinunter zum Talgrund und ruhigen, ungestörten Übernachtungsplätzen. Das Areal wird von Schäfern mit ihren Herden durchzogen und die mobilen Imker stellen dort an wechselnden Plätzen ihre Stöcke auf. Ich habe selbst schon zweimal dort unten mein Zelt aufgestellt.

Zurück an der Einmündung in die Höhenstraße nullen wir wieder den Tageszähler und sind nach drei Kilometern am Aussichtspunkt zum *Novigradsko More*. Eng windet sich die grobe Piste talwärts und bei Kilometer 18 stehen wir an der Kreuzung mit der Straße Nummer 54, dem Ende der Tour.

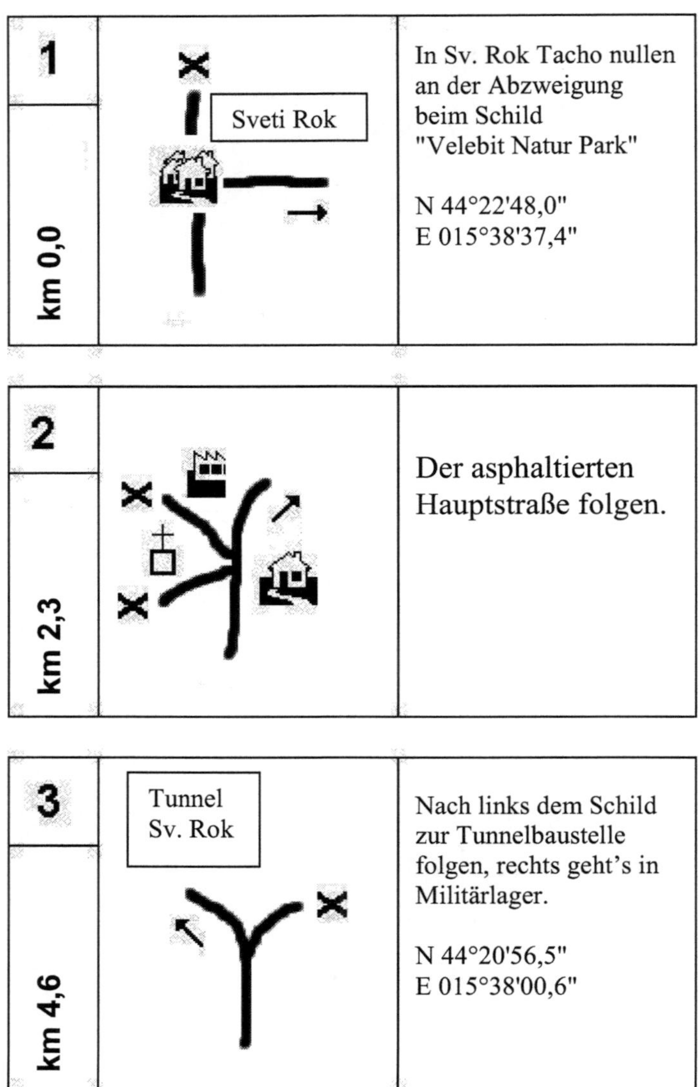


| | | |
|---|---|---|
| 1 | km 0,0 | In Sv. Rok Tacho nullen an der Abzweigung beim Schild "Velebit Natur Park"<br><br>N 44°22'48,0"<br>E 015°38'37,4" |
| 2 | km 2,3 | Der asphaltierten Hauptstraße folgen. |
| 3 | km 4,6 | Nach links dem Schild zur Tunnelbaustelle folgen, rechts geht's in Militärlager.<br><br>N 44°20'56,5"<br>E 015°38'00,6" |

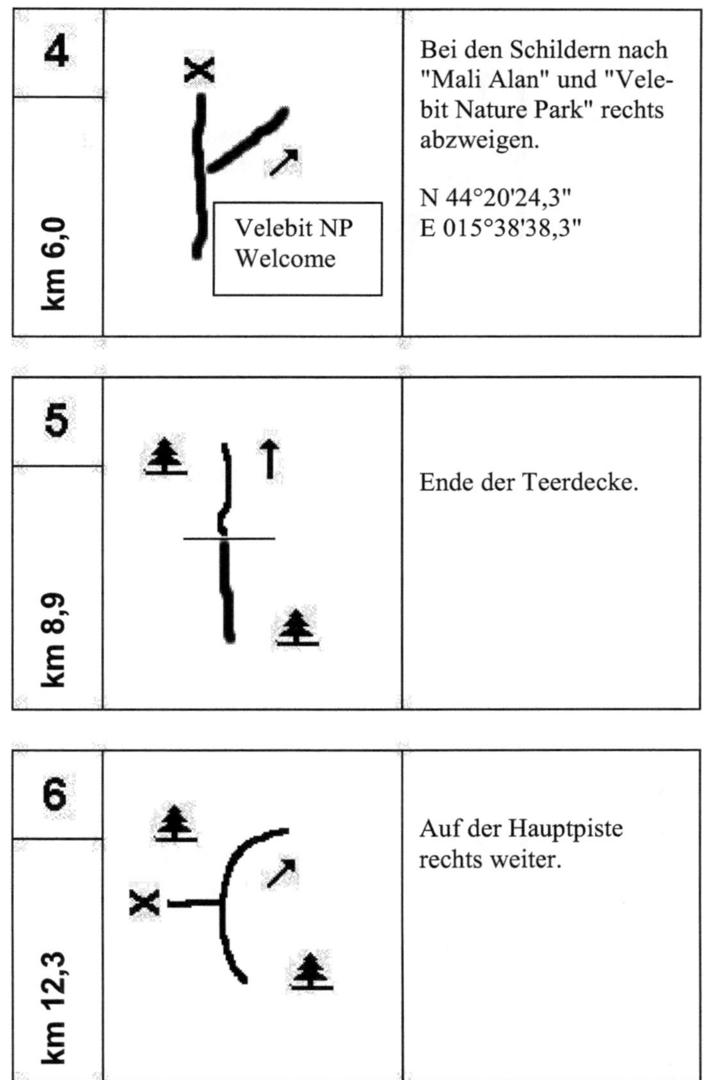

| Nr. | km | Skizze | Beschreibung |
|---|---|---|---|
| 4 | km 6,0 | Velebit NP Welcome | Bei den Schildern nach "Mali Alan" und "Velebit Nature Park" rechts abzweigen.<br><br>N 44°20'24,3"<br>E 015°38'38,3" |
| 5 | km 8,9 | | Ende der Teerdecke. |
| 6 | km 12,3 | | Auf der Hauptpiste rechts weiter. |

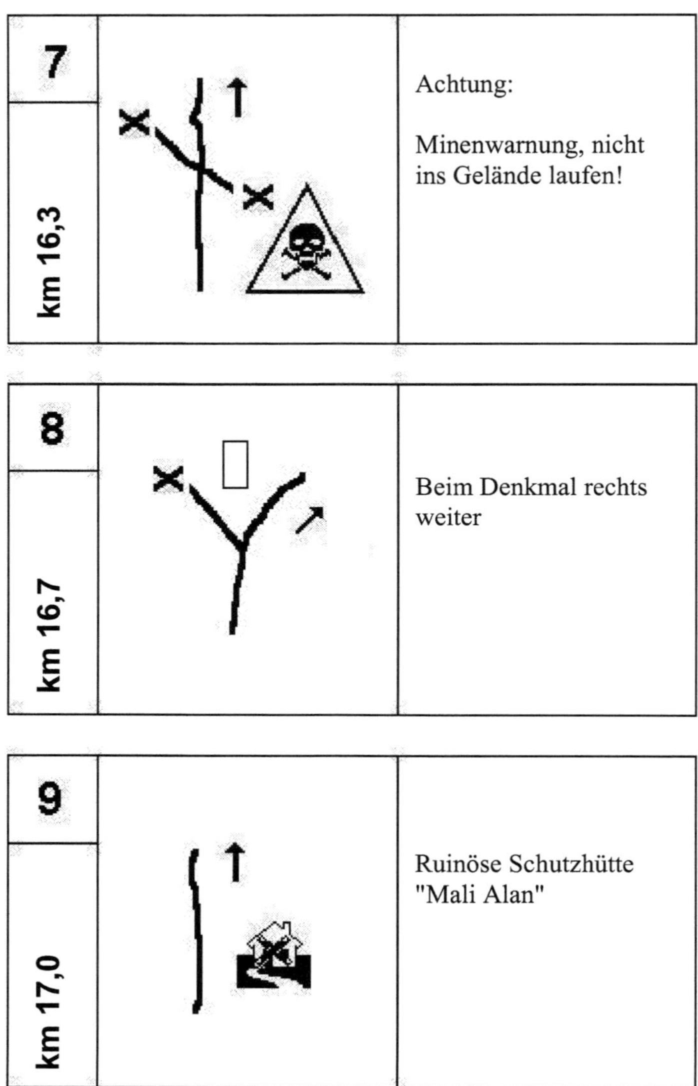

| Nr. | km | | |
|---|---|---|---|
| 7 | km 16,3 | | Achtung:<br><br>Minenwarnung, nicht ins Gelände laufen! |
| 8 | km 16,7 | | Beim Denkmal rechts weiter |
| 9 | km 17,0 | | Ruinöse Schutzhütte "Mali Alan" |

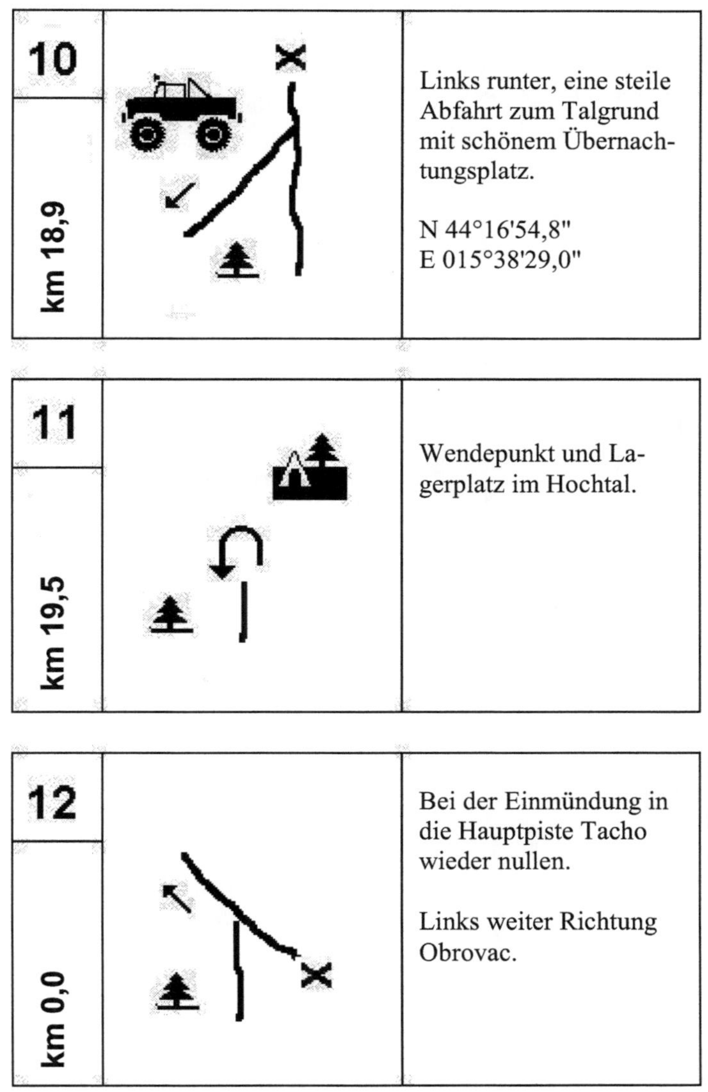

| Nr. | km | Beschreibung |
|---|---|---|
| 10 | km 18,9 | Links runter, eine steile Abfahrt zum Talgrund mit schönem Übernachtungsplatz.<br><br>N 44°16'54,8"<br>E 015°38'29,0" |
| 11 | km 19,5 | Wendepunkt und Lagerplatz im Hochtal. |
| 12 | km 0,0 | Bei der Einmündung in die Hauptpiste Tacho wieder nullen.<br><br>Links weiter Richtung Obrovac. |

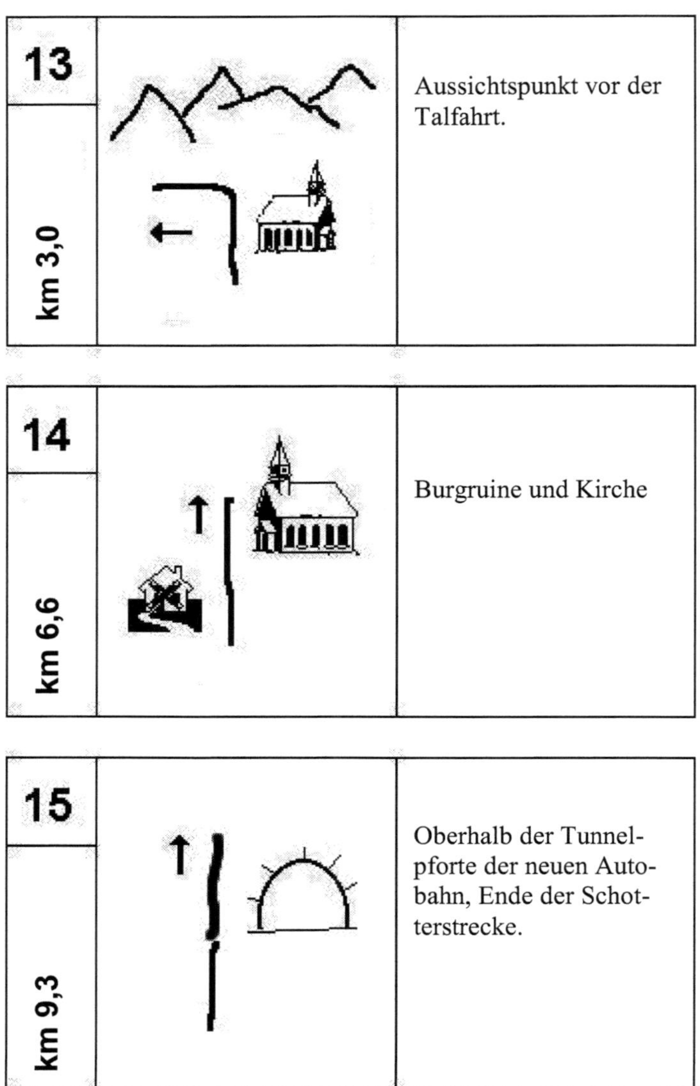

| 13 | km 3,0 | | Aussichtspunkt vor der Talfahrt. |
|---|---|---|---|
| 14 | km 6,6 | | Burgruine und Kirche |
| 15 | km 9,3 | | Oberhalb der Tunnelpforte der neuen Autobahn, Ende der Schotterstrecke. |

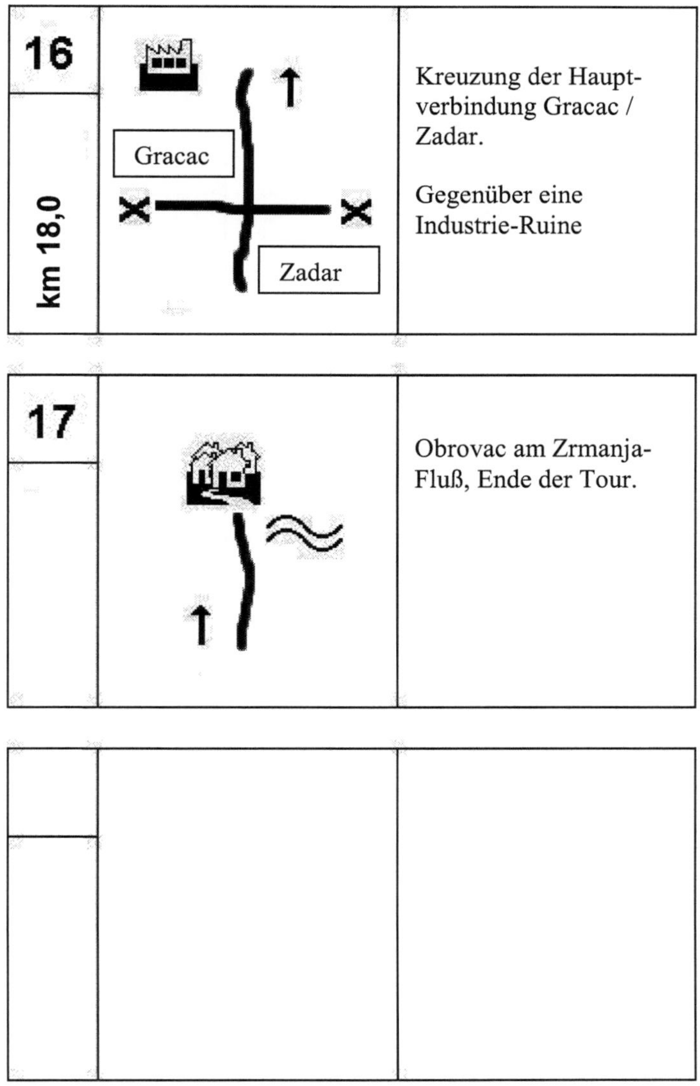
16
km 18,0
Gracac
Zadar
Kreuzung der Haupt-verbindung Gracac / Zadar.
Gegenüber eine Industrie-Ruine
17
Obrovac am Zrmanja-Fluß, Ende der Tour.

Skizzen und Notizen

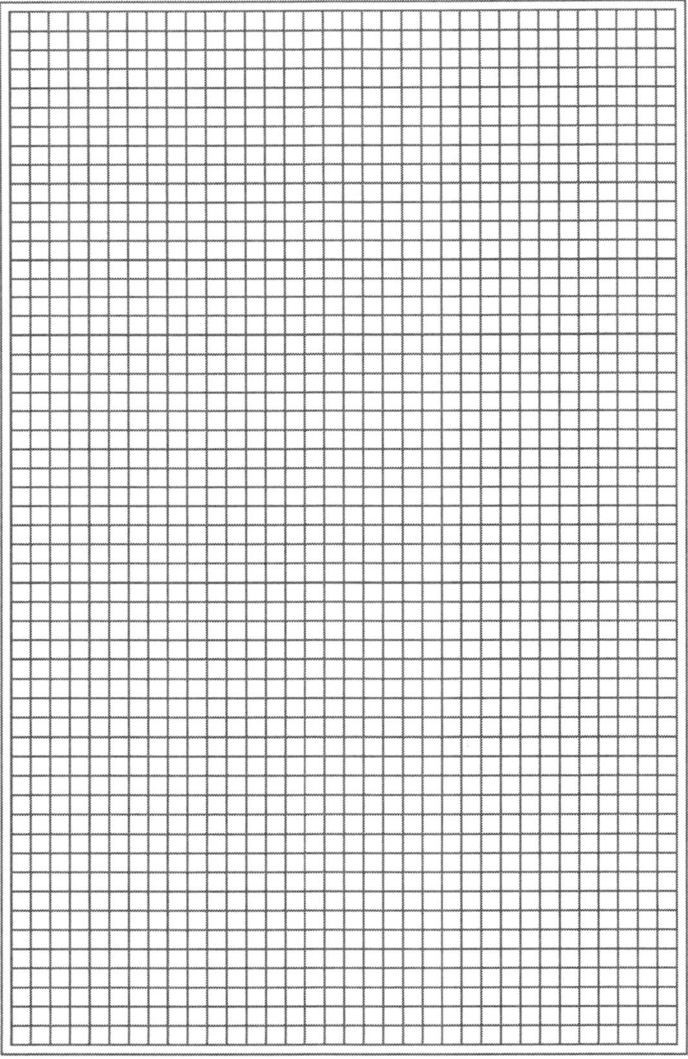

**Drnis – Promina**

Wer von *Sibenik* oder *Skradin* Richtung *Knin* und *Bosnien – Herzegowina* unterwegs ist, dem wird vor *Drnis* ein Bergstock ins Auge fallen, der da so frei und mit seinen 1147 Metern auch nicht so niedrig ist. Es handelt sich um den *V. Promina* und der weithin sichtbare Mast am Gipfel verheißt Befahrbarkeit. Der freistehende *Promina* bietet bei guter Sicht phantastische Ausblicke um 360 Grad, also weit ins Binnenland hinein und zu den *Kornaten* hinaus aufs Meer.

Krka Wasserfälle bei Skradin.

Die Befahrung startet im Städtchen *Drnis* am Fluss *Krka*. Wir folgen erst der Beschilderung nach *Zadar* und *Roski slap*, zweigen dann aber noch im Ort nach *Oklaj* ab. Die Wegweiser sind deutlich. Acht Kilometer weiter erreichen wir das Schild der Abzweigung nach *Velusic*, der Berg liegt ja schon rechts neben uns. Die Teerstraße geht noch bis ins entvölkerte *Velusic*, dann fängt Sand, Fels und Schotter an. Als besonders originelles Bergdörfchen habe ich *Lisnjak* in Erinnerung, sehr intakt und sogar etwas belebt, also nicht von ethnischen Aktionen betroffen, wie alles andere hier. Kurz nach dessen Durchfahrung, die Einmündung in die Schotterstrecke nach oben. Es fängt gleich mit beachtlichen Wasserschäden im Weg an, wird zwischenzeitlich besser. Die letzten Meter zum Gipfel will er nicht ganz ohne Anstrengung preisgeben, aber dafür sind wir ja gekommen.

Der Gipfel mit den Resten einiger Generationen Sendetechnik ist nicht sehr erbaulich, wäre da nicht dieser Rundblick. Zudem ist das Areal eingezäunt, aber offen und befahrbar. Zum Pausieren erinnert man sich besser an die schönen Almmatten gleich unterhalb und entflieht der Richtfunkbestrahlung so schnell wie möglich.

Die Talfahrt verläuft bis Wegpunkt 9 auf gleicher Strecke, dann geht es etwas verkürzt weiter nach *Drnis* zurück, dem Ende der Tour mit Weitblick.

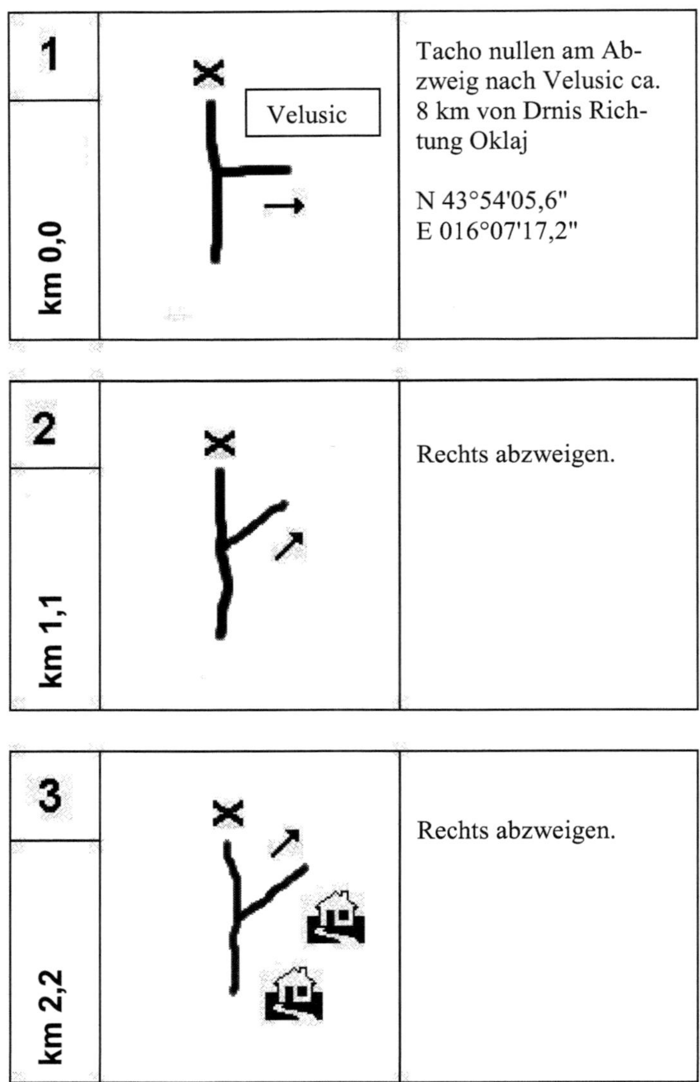


| Nr. | km | Beschreibung |
|---|---|---|
| 1 | km 0,0 | Tacho nullen am Abzweig nach Velusic ca. 8 km von Drnis Richtung Oklaj<br><br>N 43°54'05,6"<br>E 016°07'17,2" |
| 2 | km 1,1 | Rechts abzweigen. |
| 3 | km 2,2 | Rechts abzweigen. |

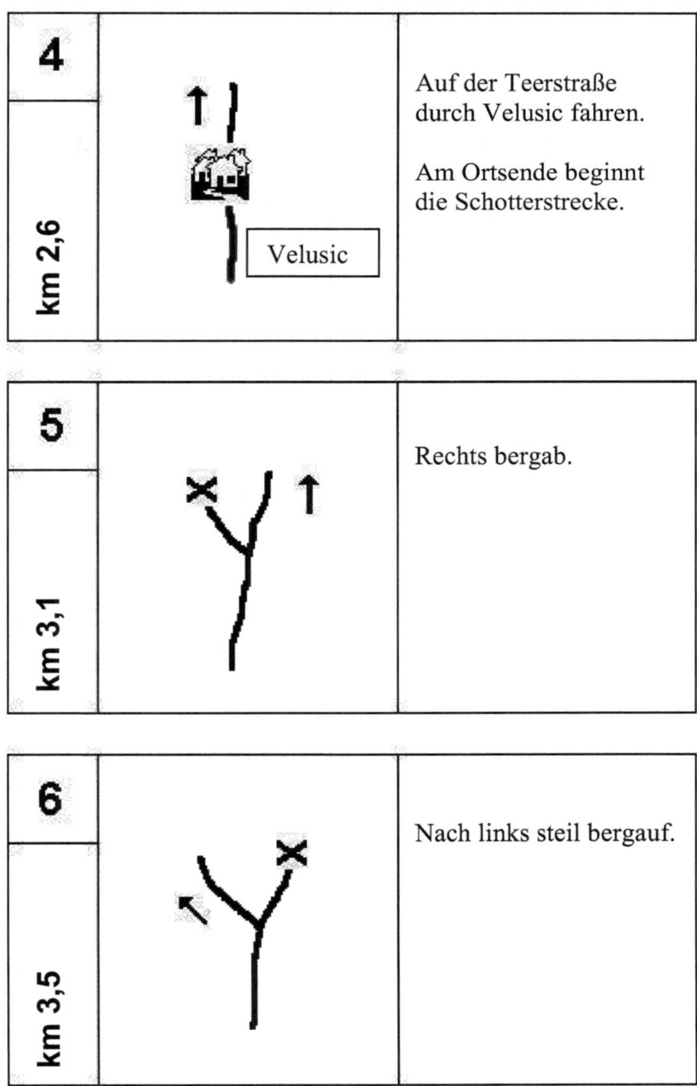


| Nr. | km | Beschreibung |
|---|---|---|
| 4 | km 2,6 | Auf der Teerstraße durch Velusic fahren.<br>Am Ortsende beginnt die Schotterstrecke. |
| 5 | km 3,1 | Rechts bergab. |
| 6 | km 3,5 | Nach links steil bergauf. |

| | | |
|---|---|---|
| 7 | km 3,7 | Die beiden Kirchen talseitig umfahren.<br><br>N 43°54'11,2"<br>E 016°98'47,1" |
| 8 | | Lisnjak, zauberhaftes Bergdorf, durchfahren. |
| 9 | km 4,6 | Nach links auf stark ausgewaschener Piste bergauf.<br><br>N 43°53'50,6"<br>E 016°09'02,9" |

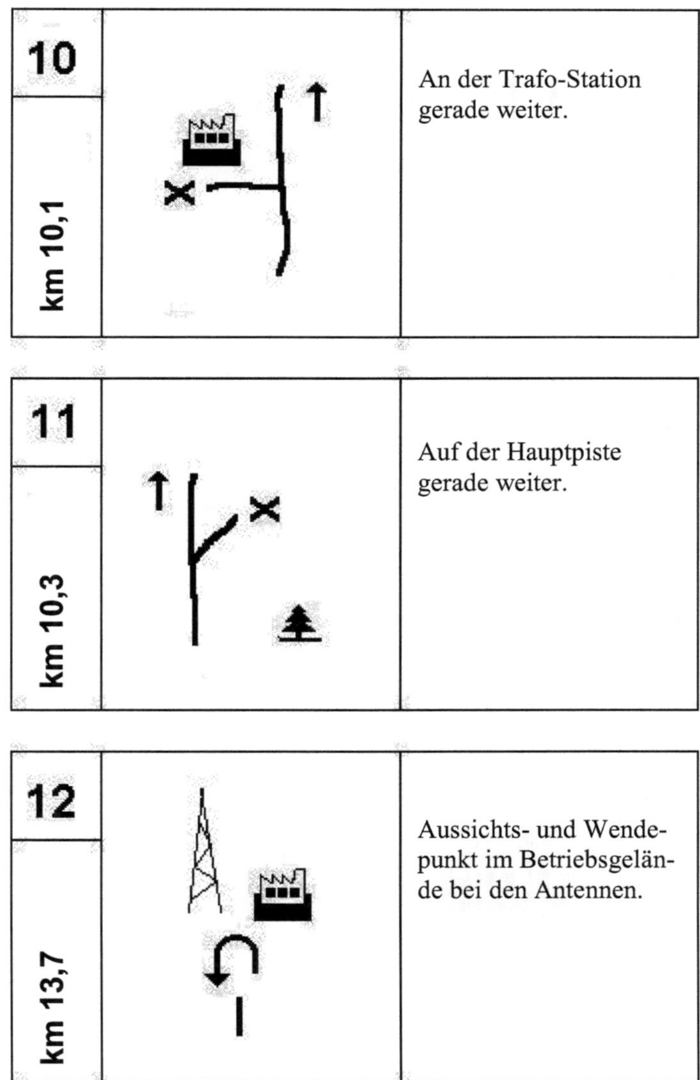

| Nr. | km | Beschreibung |
|---|---|---|
| 10 | km 10,1 | An der Trafo-Station gerade weiter. |
| 11 | km 10,3 | Auf der Hauptpiste gerade weiter. |
| 12 | km 13,7 | Aussichts- und Wendepunkt im Betriebsgelände bei den Antennen. |

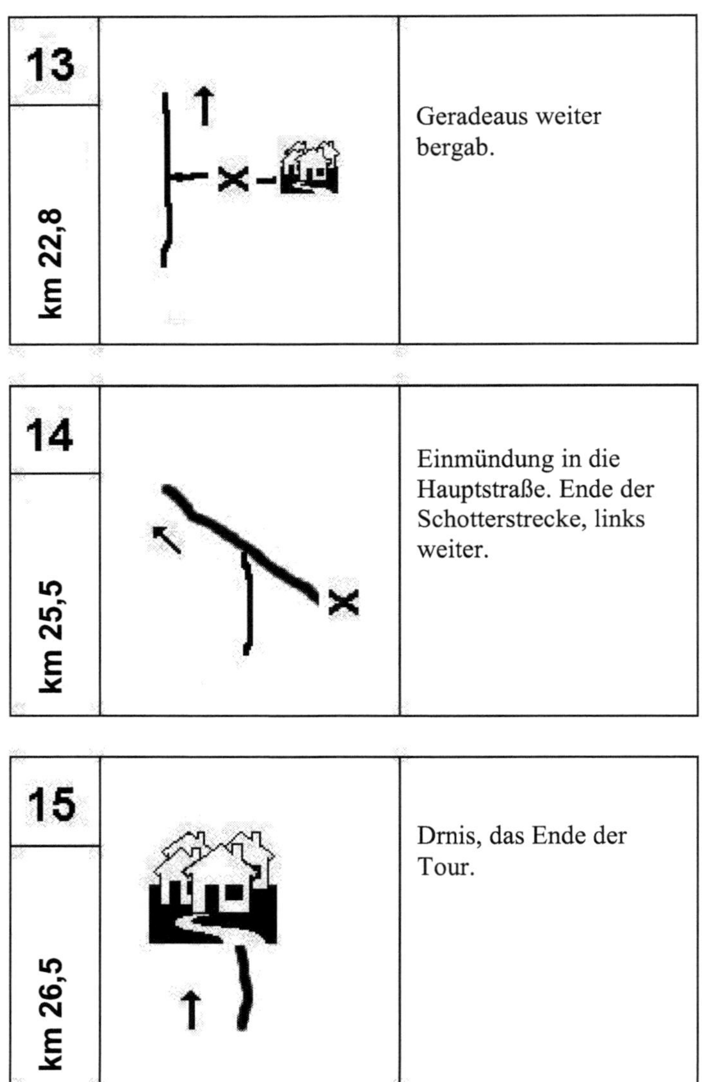

| Nr. | km | | |
|---|---|---|---|
| 13 | km 22,8 | | Geradeaus weiter bergab. |
| 14 | km 25,5 | | Einmündung in die Hauptstraße. Ende der Schotterstrecke, links weiter. |
| 15 | km 26,5 | | Drnis, das Ende der Tour. |

Skizzen und Notizen

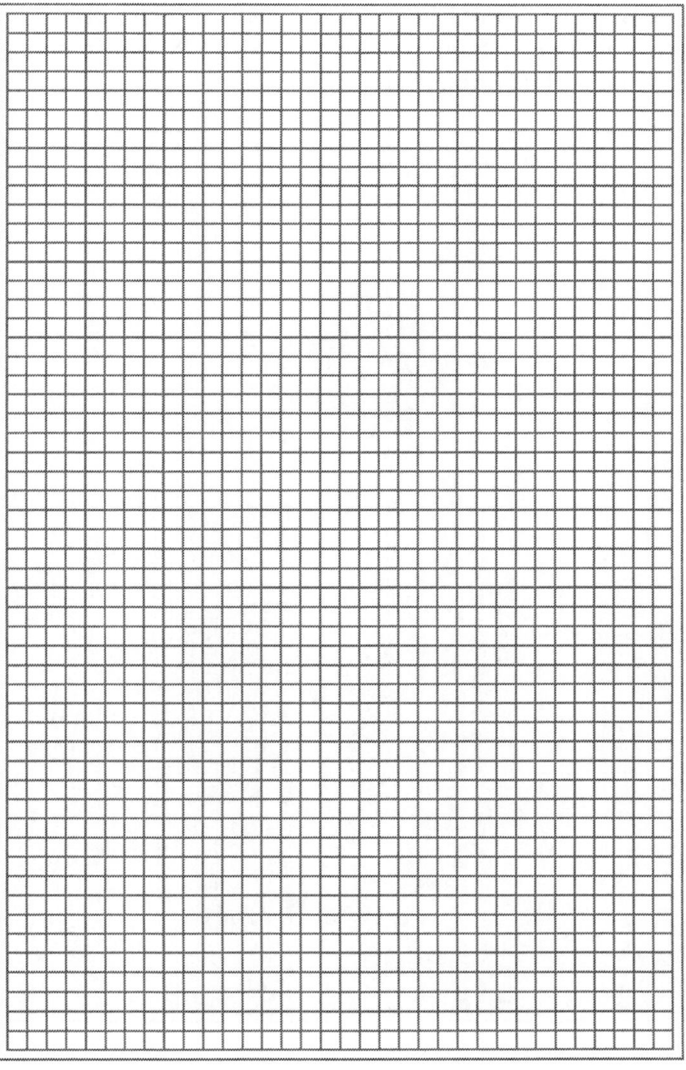

**Drnis - Svilaja**

Der Bergzug *Svilaja* liegt auf der anderen Seite also östlich von *Drnis*. Sein Hauptgipfel ist 1508 Meter hoch, aber nur zu Fuß erreichbar.

Befahrbar ist die Strecke über einen Sattel, der den Blick auf den *Perucko*-See freigibt und weiter bis zu einer vorgeschobenen Bergstellung, zum „Helm des unbekannten Soldaten“.

Fahrt und Aufenthalt in diesem Höhenzug gehören zu meinen persönlichen Offroad-Favoriten. Ich bin schon mehrmals dort gewesen. Die Flora und Lieblichkeit der Landschaft ist unvergleichlich, Blütenpolster bedecken den Weg und bei jedem Halt duften frisch gerebelte Kräuter unter den Rädern. Die Felspiste ist anspruchsvoll, verlangt nach Untersetzung und vorausblickender Fahrweise, die Windbrüche in der Waldpassage habe ich weitmöglichst frei geschnitten.

In vielen Mulden findet man kleine Steinalmhütten oder deren Reste, ein Zeichen, daß dieses Gebiet auch schon von früheren Generationen als besondere Lage erkannt wurde. Der Niedergang deren Bewirtschaftung hat auch weniger mit dem letzten Krieg, sondern mehr mit allgemeinen Veränderungen der Infrastruktur zu tun.

Neben Patronenhülsen manchmal auch nette Fundstücke.

Die Rückfahrt erfolgt auf gleicher Strecke, kann aber bei Wegpunkt 6 nach rechts über *Vrlik* nach *Knin* geändert werden. Auch ein Abstecher nach *Cetina* am gleichnamigen Fluss, der dort aus einer Höhle kommt, ist ganz nett.

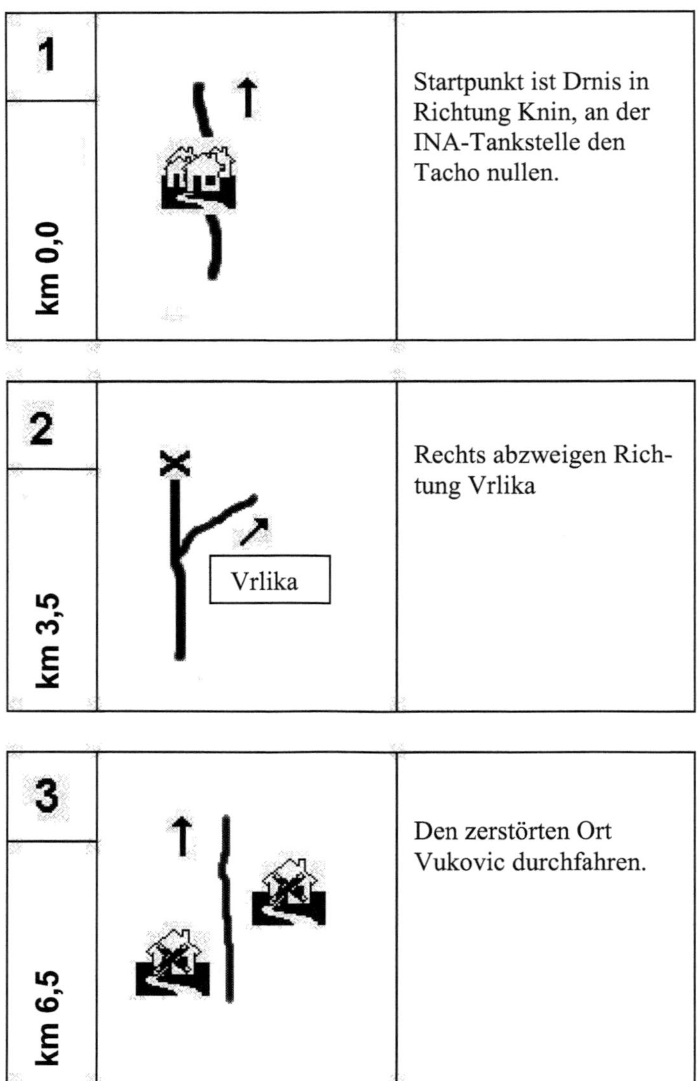

| Nr. | km | Skizze | Beschreibung |
|---|---|---|---|
| 1 | km 0,0 | | Startpunkt ist Drnis in Richtung Knin, an der INA-Tankstelle den Tacho nullen. |
| 2 | km 3,5 | Vrlika | Rechts abzweigen Richtung Vrlika |
| 3 | km 6,5 | | Den zerstörten Ort Vukovic durchfahren. |

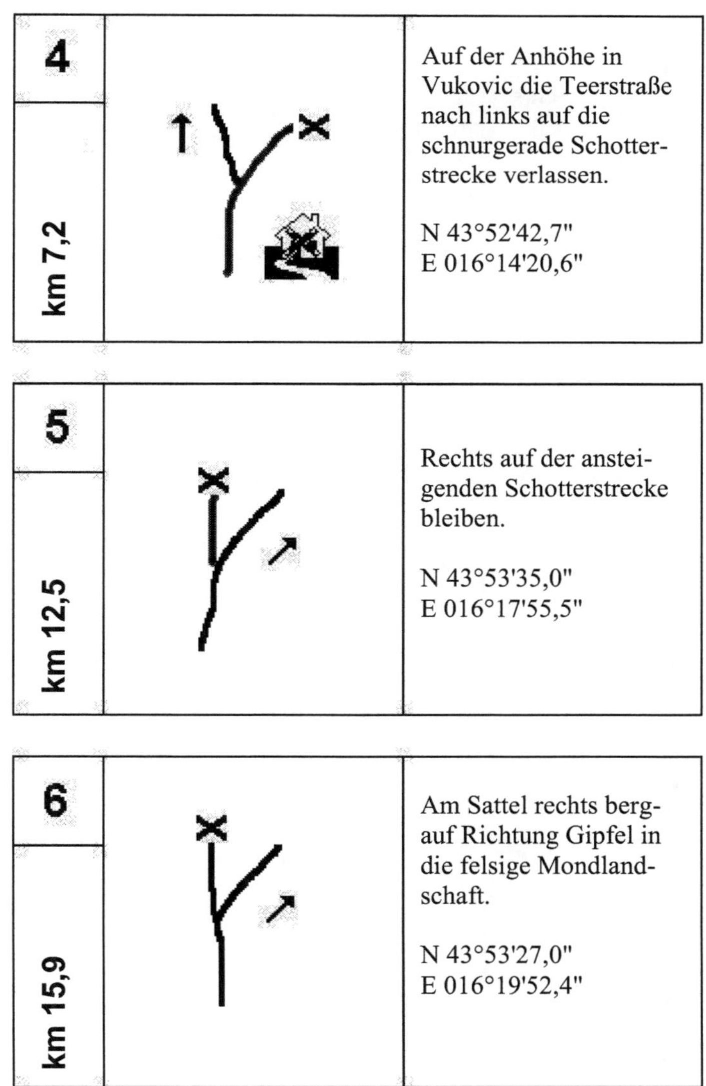

| Nr. | km | | Beschreibung |
|---|---|---|---|
| 4 | km 7,2 | | Auf der Anhöhe in Vukovic die Teerstraße nach links auf die schnurgerade Schotterstrecke verlassen.<br><br>N 43°52'42,7"<br>E 016°14'20,6" |
| 5 | km 12,5 | | Rechts auf der ansteigenden Schotterstrecke bleiben.<br><br>N 43°53'35,0"<br>E 016°17'55,5" |
| 6 | km 15,9 | | Am Sattel rechts bergauf Richtung Gipfel in die felsige Mondlandschaft.<br><br>N 43°53'27,0"<br>E 016°19'52,4" |

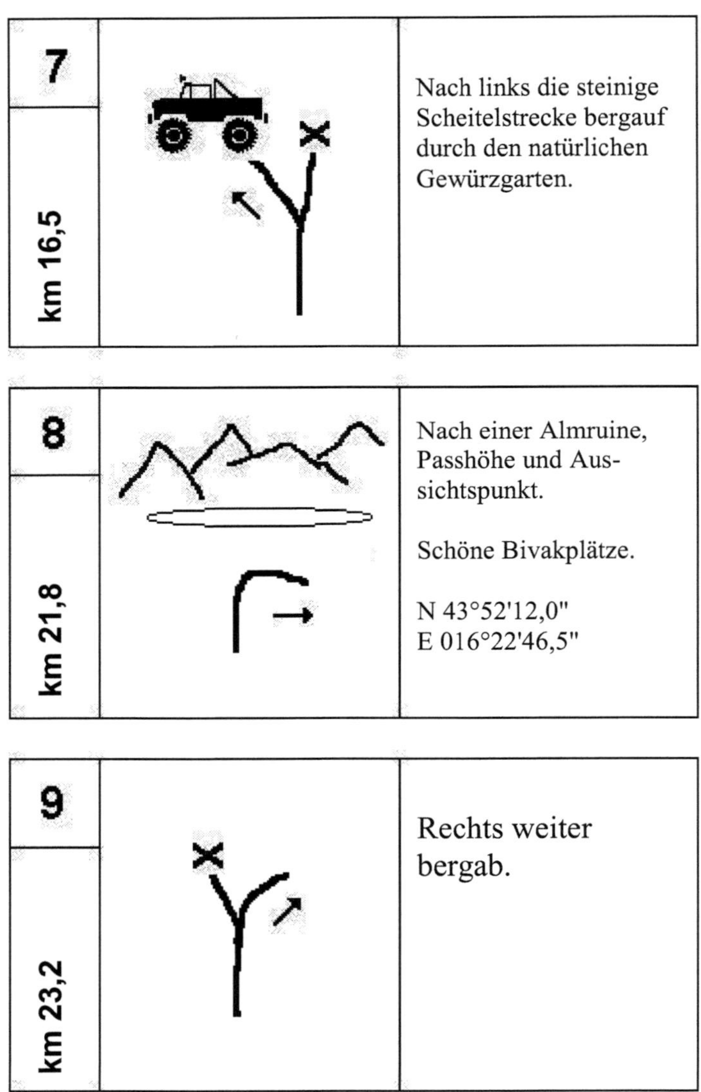

| Nr. | km | Beschreibung |
| --- | --- | --- |
| 7 | km 16,5 | Nach links die steinige Scheitelstrecke bergauf durch den natürlichen Gewürzgarten. |
| 8 | km 21,8 | Nach einer Almruine, Passhöhe und Aussichtspunkt.<br><br>Schöne Bivakplätze.<br><br>N 43°52'12,0"<br>E 016°22'46,5" |
| 9 | km 23,2 | Rechts weiter bergab. |

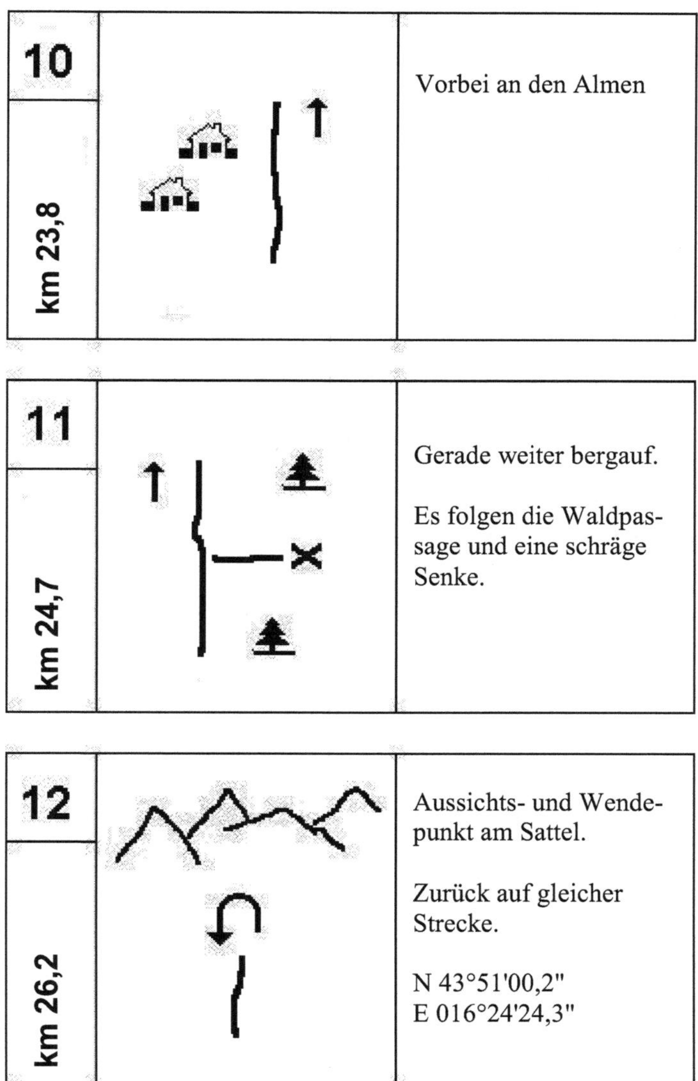

| Nr. | km | Beschreibung |
|---|---|---|
| 10 | km 23,8 | Vorbei an den Almen |
| 11 | km 24,7 | Gerade weiter bergauf.<br><br>Es folgen die Waldpassage und eine schräge Senke. |
| 12 | km 26,2 | Aussichts- und Wendepunkt am Sattel.<br><br>Zurück auf gleicher Strecke.<br><br>N 43°51'00,2"<br>E 016°24'24,3" |

# Skizzen und Notizen

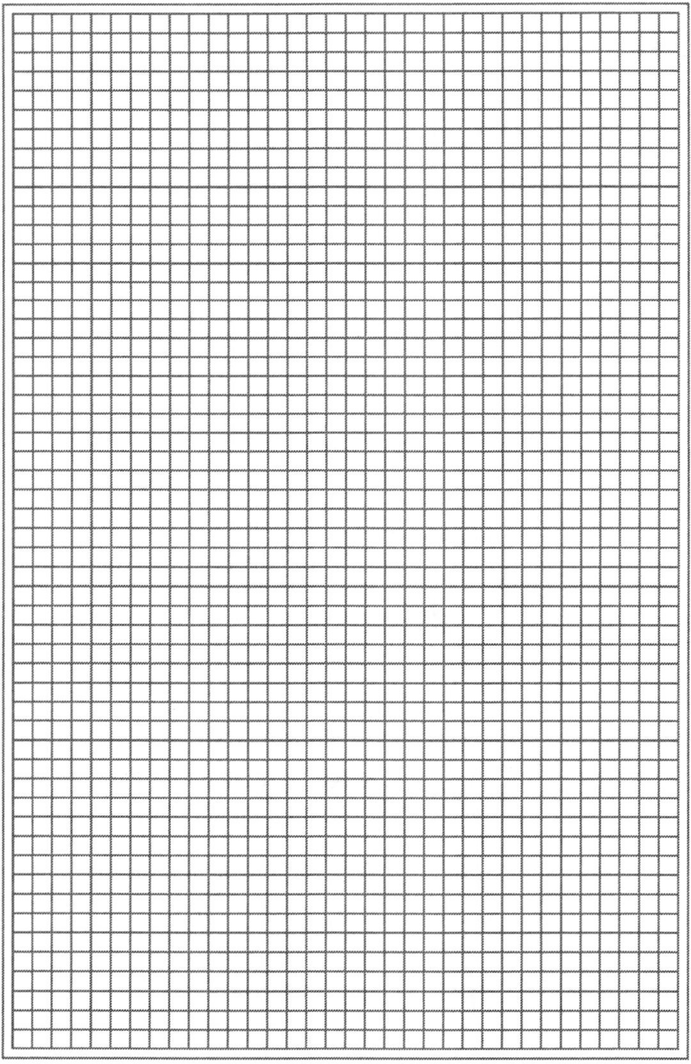

## Strmica - Stozista

Bei den Touren in Bosnien – Herzegowina fällt das fast vollständige Fehlen von Ortsschildern und Wegweisern auf. An deren Stelle sind jetzt übergroße, neue Informationstafeln über Rekonstruktionsmaßnahmen der EU in diesem übel zugerichteten Land getreten. An den Gebäuden konnte ich zwar den Wiederaufbau noch nicht so direkt erkennen, aber die Absicht ist schon mal erklärt. „Tue Gutes und berichte darüber!“

Der Abstecher nach *Stozista* ist nicht sehr weit und kann gut dazu dienen, nach dem Grenzübertritt, von *Knin* kommend, erst mal Quartier zu machen um die nächsten Trips zu planen. Die Messung beginnt am provisorischen Grenzübergang in *Strmica*, dort ist der Tacho auf null zu drücken und den Serpentinen bergauf zu folgen. Auf der Passhöhe zweigt scharf links die kleine Teerstraße nach *Stozista* ab.

Wir fahren durch den Ort und weiter bis zum nächsten, der weniger Zerstörung zeigt, aber auch total verlassen ist. Da kann schon Beklemmung aufkommen, wenn man in eine der Wohnstuben blickt und der Kalender an der Wand im Mai 1995 das letzte Mal abgerissen wurde. Auf dem Weg liegt ein aufgeweichter Ausweis, ausgestellt für Dragica Basta. Was mag aus ihr geworden sein?

Hier stehen die Uhren seit 1995 still.

Kurz vor der Ortseinfahrt, da wo die alten Laster stehen, kann man weiter in einer linken Schleife um die Häuser und auf der dahinter liegenden Flanke zu einer freien Hochfläche rauf fahren.

Die Strecke ist teilweise echt offroad und der Slalom zwischen den Felsen im Gras erfordert Vorausblick. Laut Karte soll da auch ein Pfad runter Richtung *Peci* führen, ich hab ihn nicht gefunden. Aber auch an anderen Stellen in *BiH* kommt der Verdacht auf, dass die Vermessungsdaten, die man hier dem Landkartenverlag Freytag & Berndt angedreht hat, eher der Verwirrung des Feindes dienen sollten.

Antike Brückenreste bei Cetina

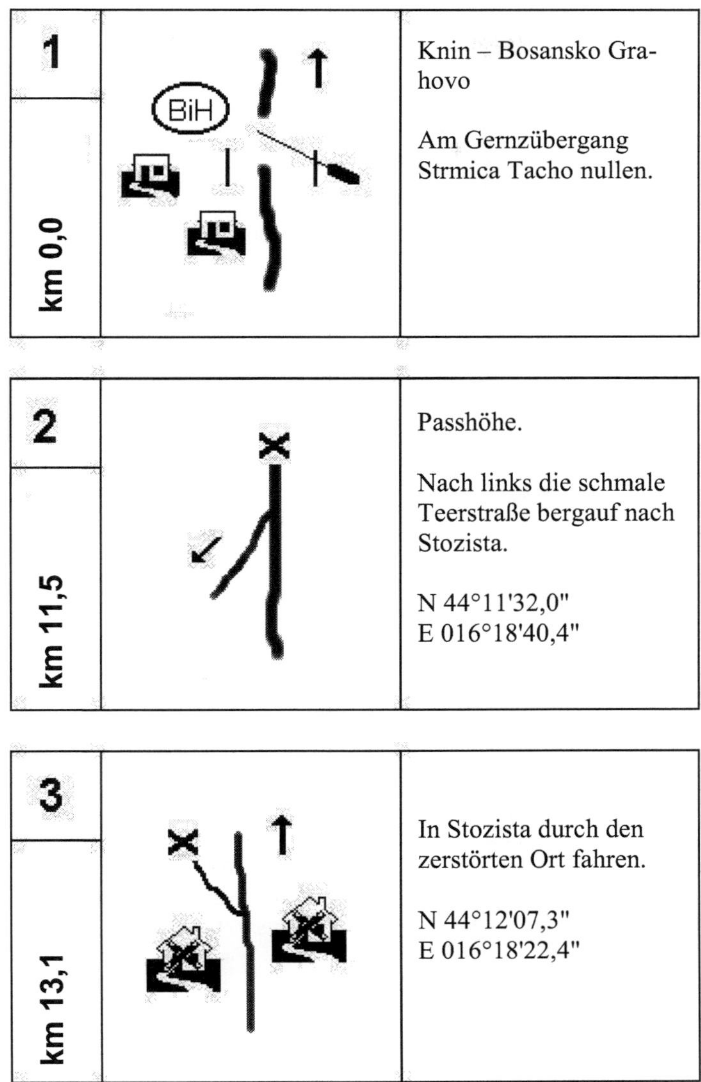

| Nr. | km | Beschreibung |
|---|---|---|
| 1 | km 0,0 | Knin – Bosansko Grahovo<br><br>Am Gernzübergang Strmica Tacho nullen. |
| 2 | km 11,5 | Passhöhe.<br><br>Nach links die schmale Teerstraße bergauf nach Stozista.<br><br>N 44°11'32,0"<br>E 016°18'40,4" |
| 3 | km 13,1 | In Stozista durch den zerstörten Ort fahren.<br><br>N 44°12'07,3"<br>E 016°18'22,4" |

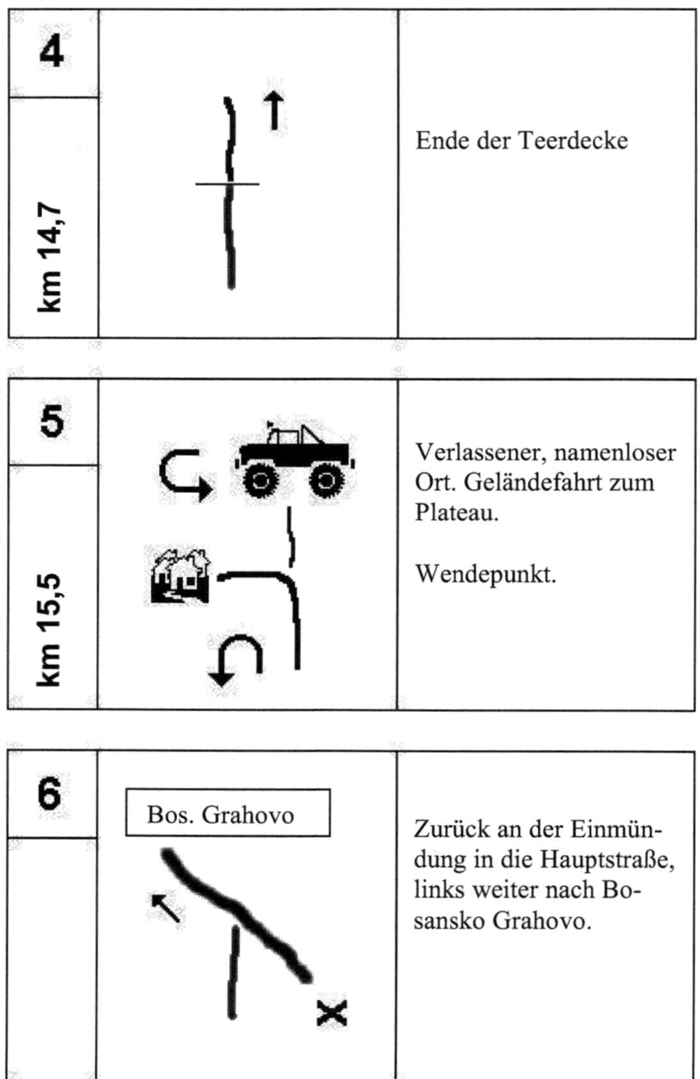

| Nr. | km | Skizze | Beschreibung |
|---|---|---|---|
| 4 | km 14,7 | | Ende der Teerdecke |
| 5 | km 15,5 | | Verlassener, namenloser Ort. Geländefahrt zum Plateau.<br><br>Wendepunkt. |
| 6 | | Bos. Grahovo | Zurück an der Einmündung in die Hauptstraße, links weiter nach Bosansko Grahovo. |

Skizzen und Notizen

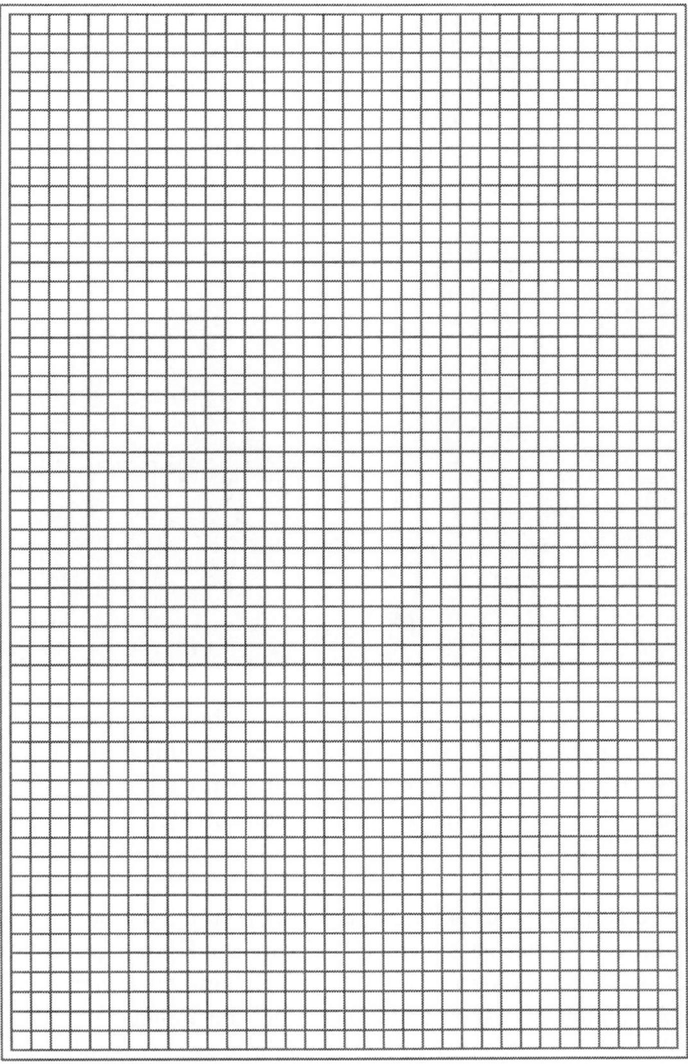

**Bosansko Grahovo - Satorsko jezero**

In *Bosansko Grahovo* setzt die Fahrt zu einem Bergsee zwischen den Gipfeln des großen und kleinen *Sator* an. Wir zweigen an der großen Kreuzung rechts auf die Straße 6-1 Richtung *Livno* ab.

Nach 18 Kilometern liegt auf der rechten Straßenseite eine Kapelle und 200 Meter weiter zweigt links ein Feldweg zu den beiden *Sator*-Gipfeln ab. An dieser Wegeinmündung drücken wir bei der Weiterfahrt den Tageszähler auf null.

Diese Kapelle war es auch, die bei der Tourerkundung für Irritation sorgte, ist sie doch nicht in der Karte verzeichnet, wohl aber eine bei *Crni Lug* 5 Kilometer weiter. Bei *Grkovci* sah ich einen alten Mann bei der Feldarbeit. Wie sich herausstellte, war er vor 30 Jahren mal Gastarbeiter bei uns und konnte Auskunft geben. Allerdings hatte er

Bedenken wegen eventueller Windbrüche, da der Weg nicht gewartet wird, weil da niemand fährt. Er ist befahrbar, aber starke Niederschläge und die Holzfäller machten auch hier den Waldweg gelegentlich zum Parcour.

Die schöne Mischwaldstrecke lässt alsbald Ausblicke ins Tal und auf die gegenüber liegende Bergkette zu. Oben beim See *Satorsko Jezero* ist sogar eine bewirtschaftete Hütte als Basis für ausgedehnte Bergtouren ohne Warteschlange am Gipfel. Dort liegt auch unser Wendepunkt für die Rückfahrt ins Tal.

Am Waldkreisverkehr bei Wegpunkt Nummer 9 wechseln wir in eine alternative Strecke für die Rückfahrt und erreichen mit Kilometerstand 53 das Ende der Tour in *Bosansko Grahovo*.

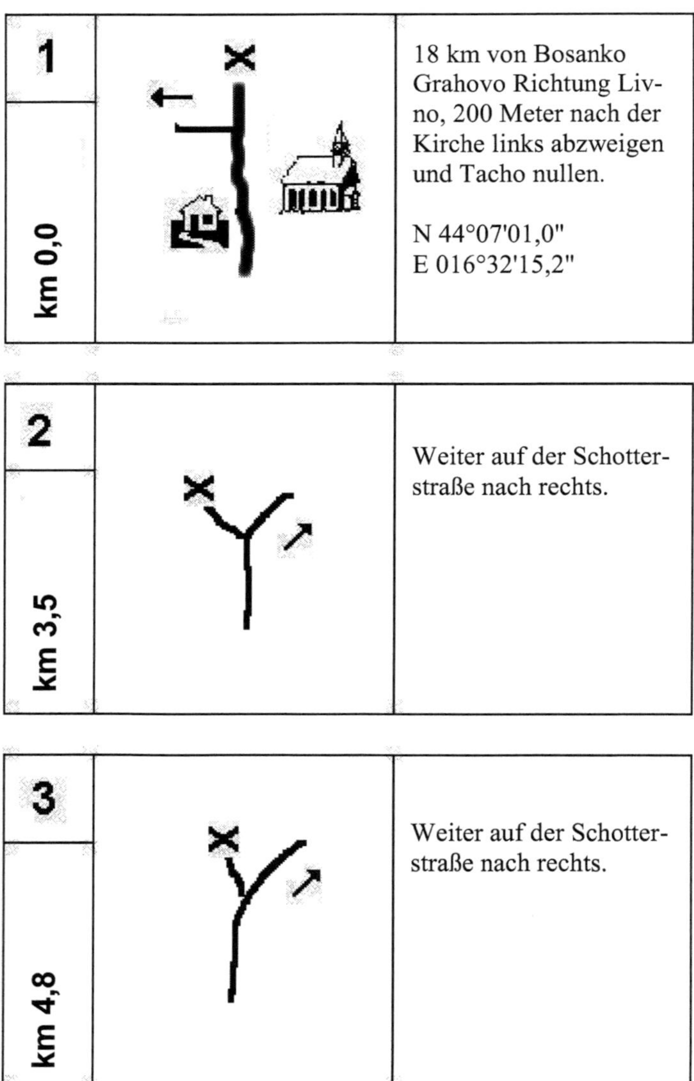

| Nr. | km | Skizze | Beschreibung |
|---|---|---|---|
| 1 | km 0,0 | | 18 km von Bosanko Grahovo Richtung Livno, 200 Meter nach der Kirche links abzweigen und Tacho nullen.<br><br>N 44°07'01,0"<br>E 016°32'15,2" |
| 2 | km 3,5 | | Weiter auf der Schotterstraße nach rechts. |
| 3 | km 4,8 | | Weiter auf der Schotterstraße nach rechts. |

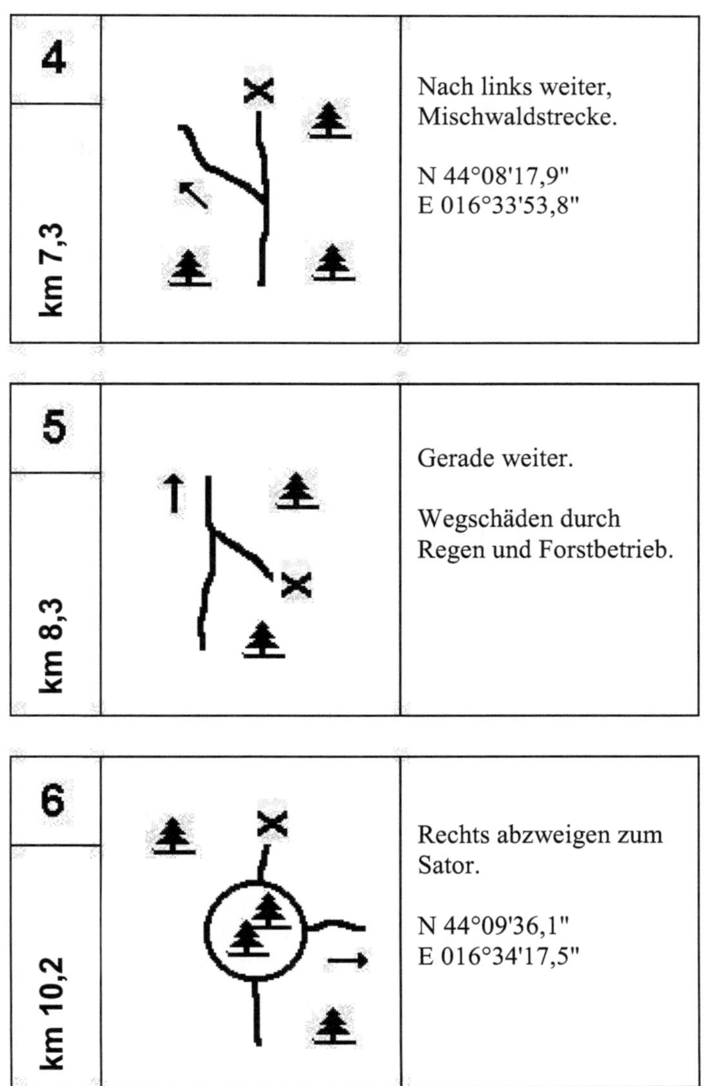

| Nr. | km | Beschreibung |
|---|---|---|
| 4 | km 7,3 | Nach links weiter, Mischwaldstrecke.<br>N 44°08'17,9"<br>E 016°33'53,8" |
| 5 | km 8,3 | Gerade weiter.<br>Wegschäden durch Regen und Forstbetrieb. |
| 6 | km 10,2 | Rechts abzweigen zum Sator.<br>N 44°09'36,1"<br>E 016°34'17,5" |

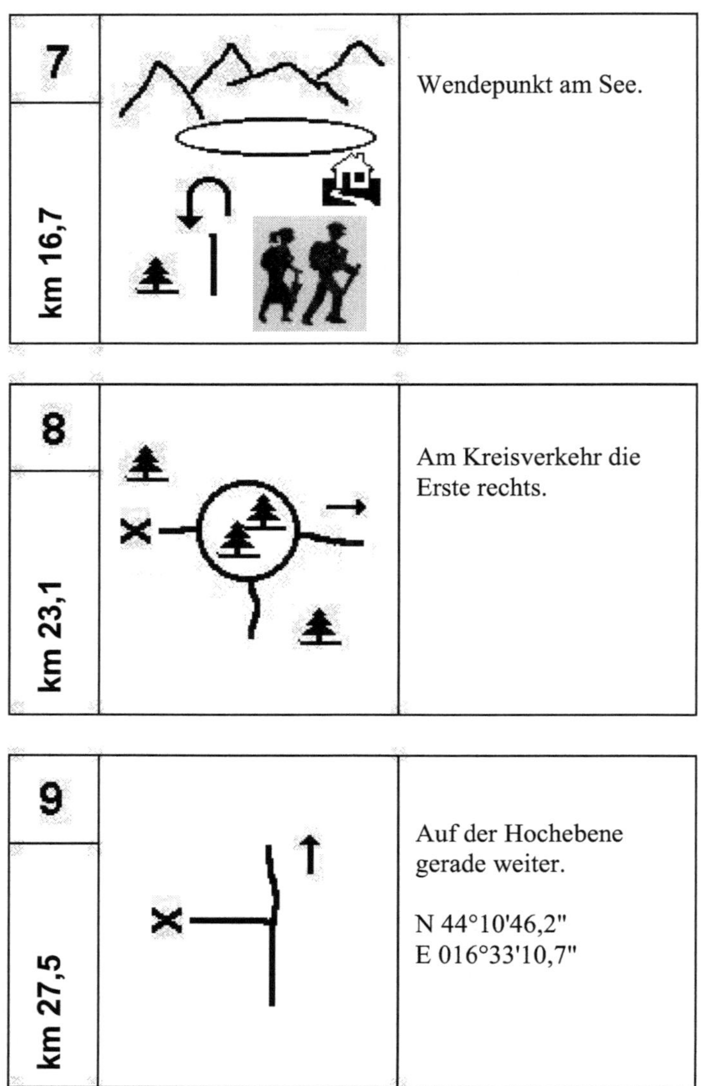

| Nr. | km | Beschreibung |
|---|---|---|
| 7 | km 16,7 | Wendepunkt am See. |
| 8 | km 23,1 | Am Kreisverkehr die Erste rechts. |
| 9 | km 27,5 | Auf der Hochebene gerade weiter.<br><br>N 44°10'46,2"<br>E 016°33'10,7" |

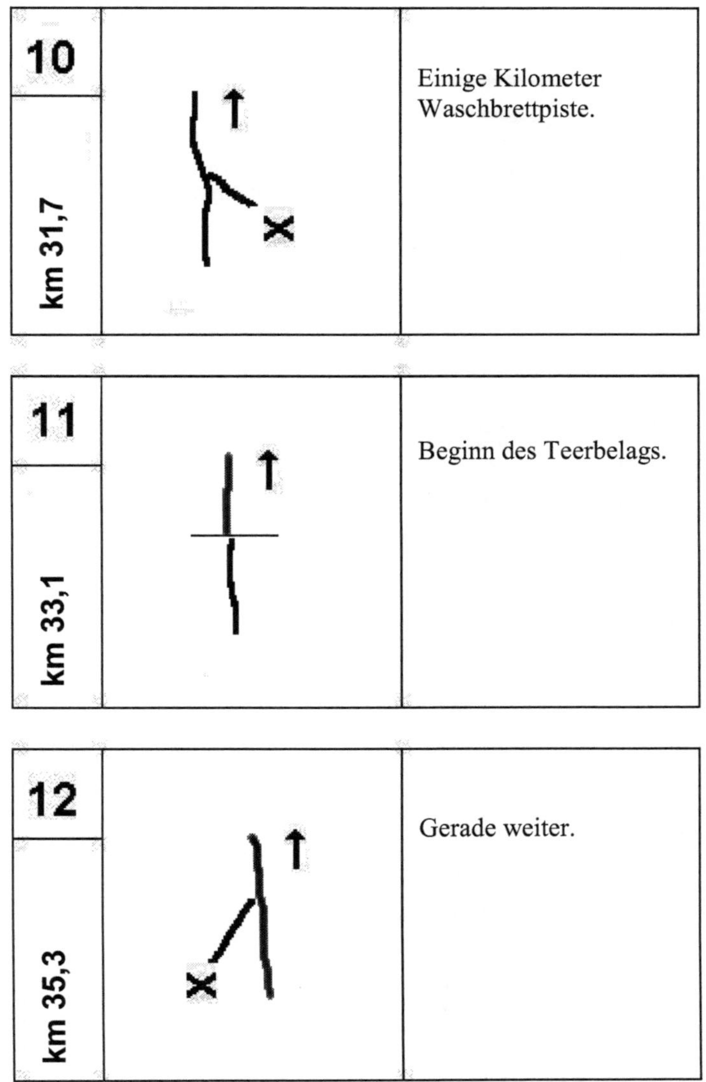

| Nr. | km | Beschreibung |
|---|---|---|
| 10 | km 31,7 | Einige Kilometer Waschbrettpiste. |
| 11 | km 33,1 | Beginn des Teerbelags. |
| 12 | km 35,3 | Gerade weiter. |

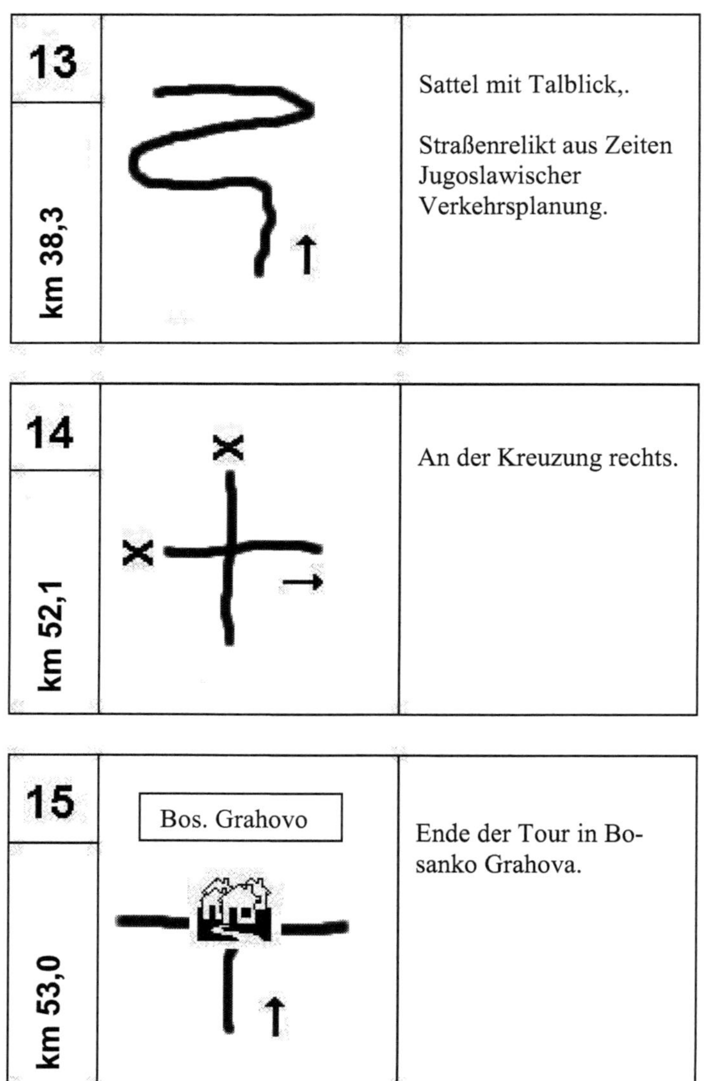

| Nr. | km | Skizze | Beschreibung |
|---|---|---|---|
| 13 | km 38,3 | | Sattel mit Talblick,. Straßenrelikt aus Zeiten Jugoslawischer Verkehrsplanung. |
| 14 | km 52,1 | | An der Kreuzung rechts. |
| 15 | km 53,0 | Bos. Grahovo | Ende der Tour in Bosanko Grahova. |

Skizzen und Notizen

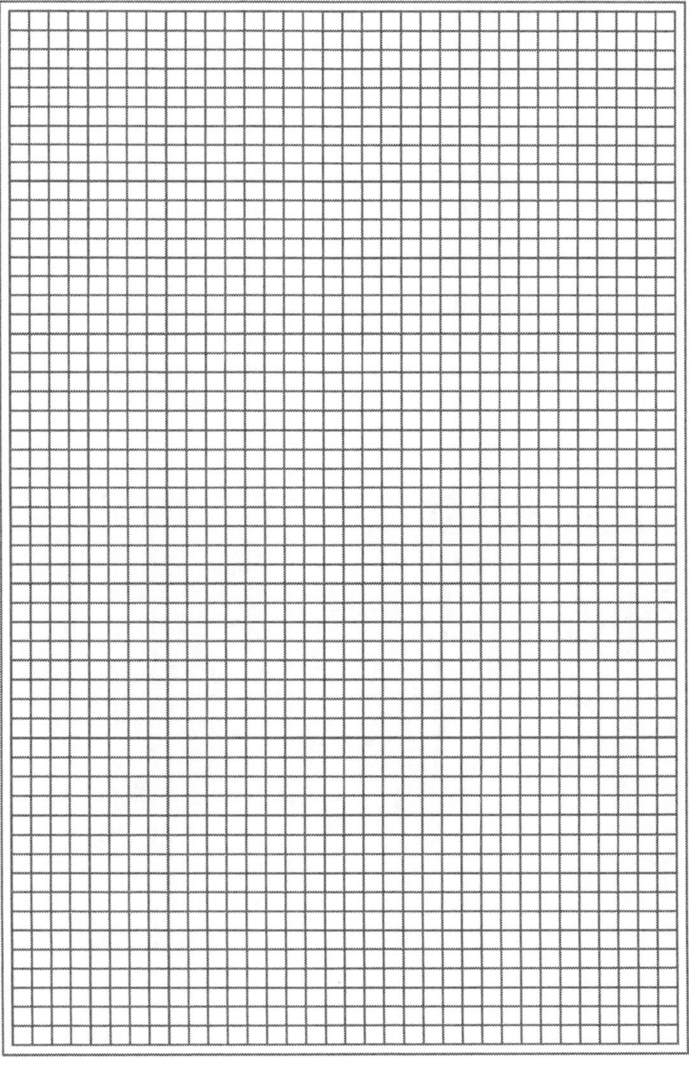

## Peci - Martin Brod

Der Ort *Peci* liegt 11 Kilometer nördlich des Städtchens *Bosanko Grahovo* an der Straße 6-1 und ist mit Ortsschildern ausgestattet.

Wir fahren weiter Richtung *Drvar* und erreichen nach weiteren 7 Kilometern die Abzweigung zu dieser Tour, die Siedlung *Resanovci*. Ohne Ortschild zwar, aber an der breiten Einmündung, einem Gebäude mit vernagelten Schaufenstern und einem zweiteiligen Betonkunstwerk in Form einer Deckpeilung gut zu identifizieren. Hier stellen wir den Tageszähler auf null und biegen links ab. Drei Kilometer geht es noch auf rissiger Teerdecke weiter, dann fängt der Schotter gemischt mit gewachsenem Fels an.

Richtig abenteuerlich wird die Strecke dann ab der Streusiedlung *Boboljusci*, wenn es im tiefen Eichenwald bergab geht. Zweifeln Sie auch nicht ab Wegpunkt 11 an der Richtigkeit Ihrer Navigation. Selbst wenn Ihnen das Gras über den Kühler ragt, es geht weiter und bald wird auch ein Blick ins Tal frei.

Auffanglinie ist eine Bahnstrecke und nach einer engen Unterführung biegen wir rechts ab und stehen wenig später vor der gesprengten Bücke über die *Una*, die sich hier durch eine Schlucht zwängt. Dank dem Einsatz kanadischer Pioniere ist sie aber wieder notdürftig passierbar und *Martin Brod* auf diesem Weg doch noch erreichbar.

Ein verschlafener Grenzposten war über mein Auftauchen aus dieser Richtung sehr erstaunt, weil es da keinen offenen Übergang nach Kroatien gibt. Ich zeigte ihm auf der Karte meinen Weg, da meine er nur anerkennend, „gutt Auto diese!“, klopfte dabei dem „Suzi“ aufs Dach und ließ mich weiter fahren.

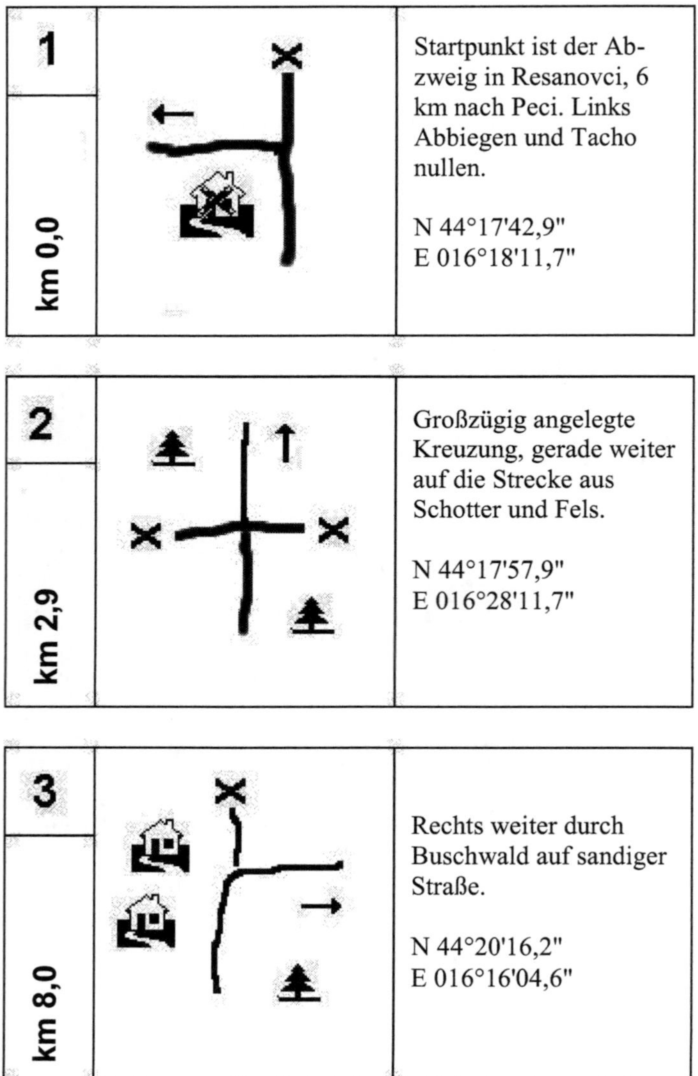

| Nr. | km | Beschreibung |
|---|---|---|
| 1 | km 0,0 | Startpunkt ist der Abzweig in Resanovci, 6 km nach Peci. Links Abbiegen und Tacho nullen.<br><br>N 44°17'42,9"<br>E 016°18'11,7" |
| 2 | km 2,9 | Großzügig angelegte Kreuzung, gerade weiter auf die Strecke aus Schotter und Fels.<br><br>N 44°17'57,9"<br>E 016°28'11,7" |
| 3 | km 8,0 | Rechts weiter durch Buschwald auf sandiger Straße.<br><br>N 44°20'16,2"<br>E 016°16'04,6" |

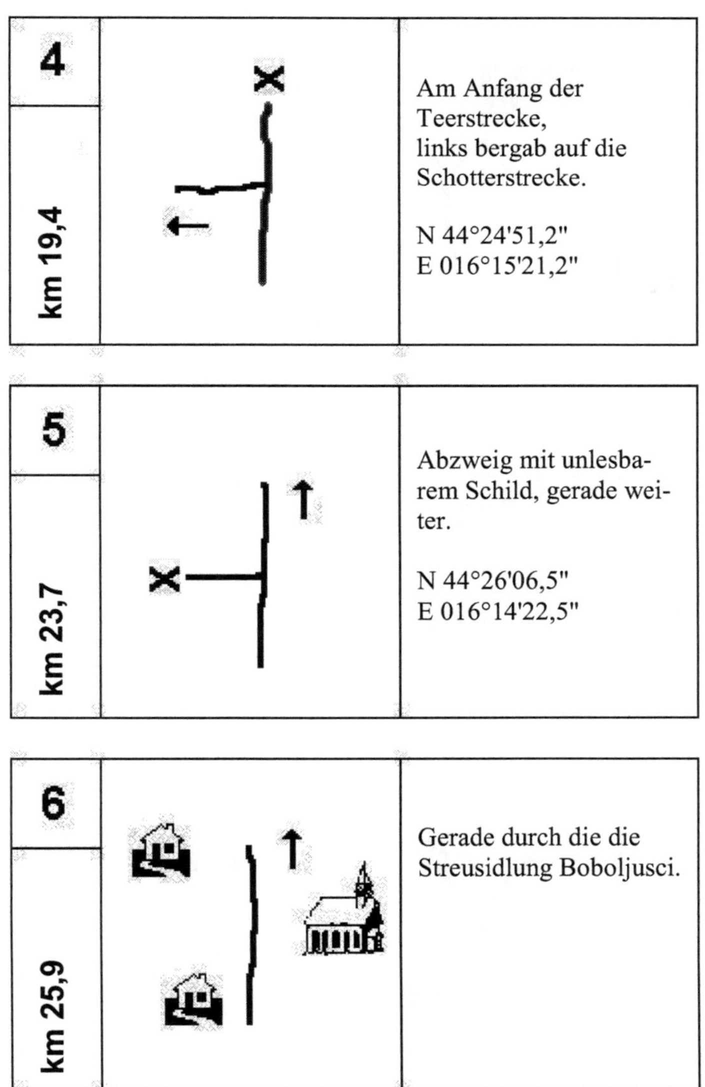

| Nr. | km | | |
|---|---|---|---|
| 4 | km 19,4 | | Am Anfang der Teerstrecke,<br>links bergab auf die Schotterstrecke.<br><br>N 44°24'51,2"<br>E 016°15'21,2" |
| 5 | km 23,7 | | Abzweig mit unlesbarem Schild, gerade weiter.<br><br>N 44°26'06,5"<br>E 016°14'22,5" |
| 6 | km 25,9 | | Gerade durch die die Streusidlung Boboljusci. |

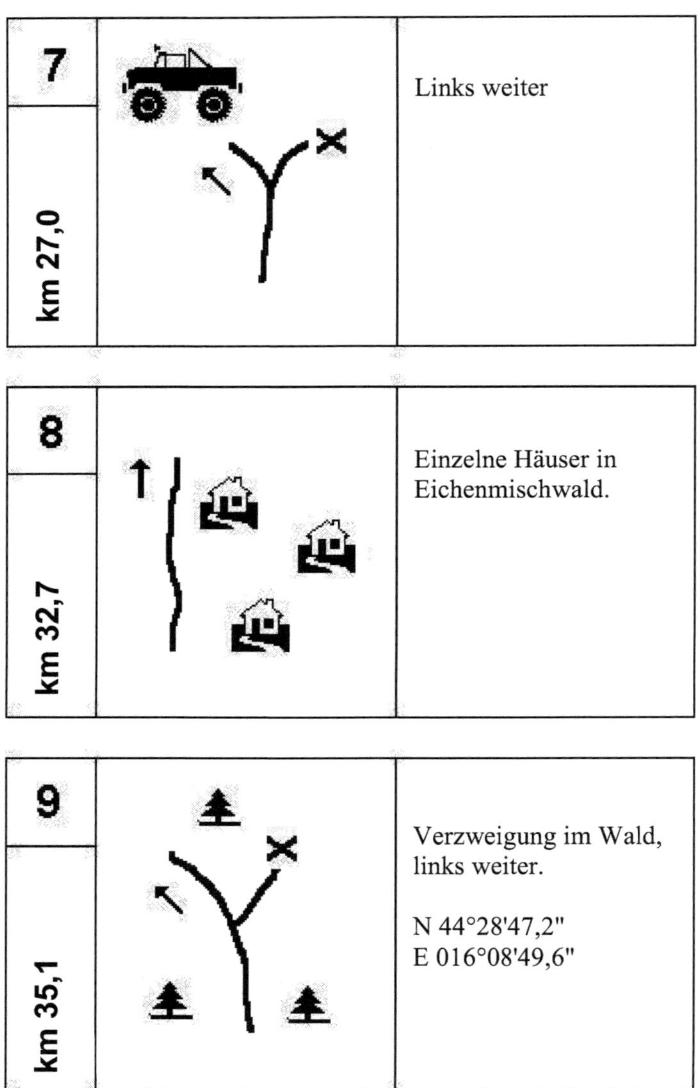

| Nr. | km | |
|---|---|---|
| 7 | km 27,0 | Links weiter |
| 8 | km 32,7 | Einzelne Häuser in Eichenmischwald. |
| 9 | km 35,1 | Verzweigung im Wald, links weiter.<br><br>N 44°28'47,2"<br>E 016°08'49,6" |

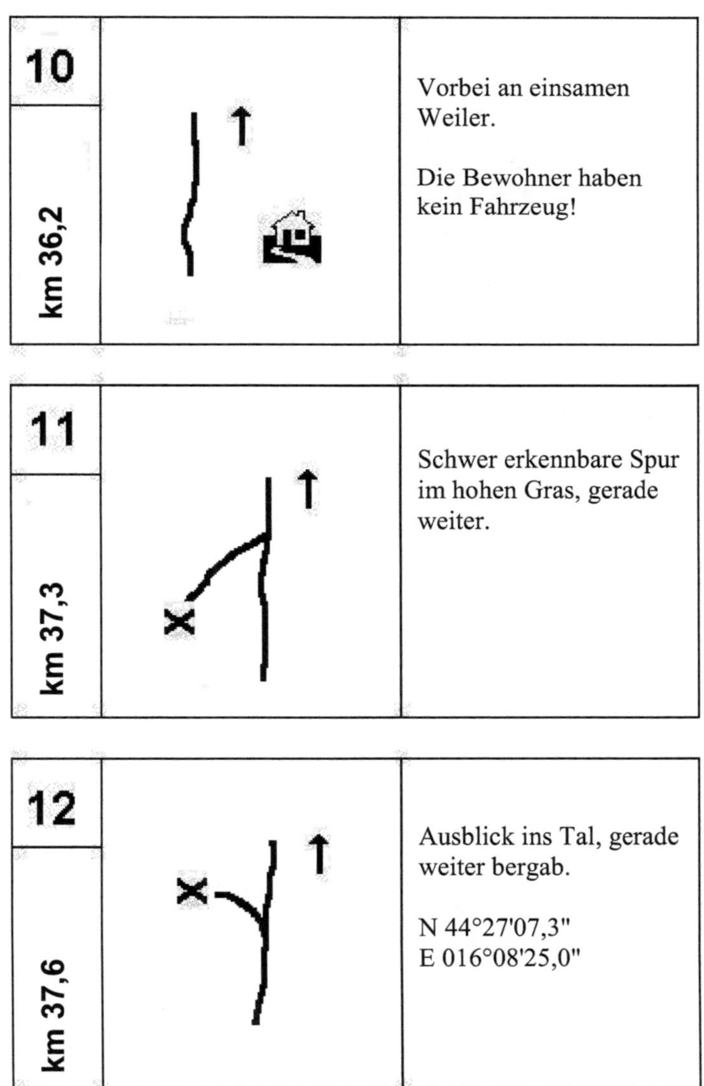
10
km 36,2
Vorbei an einsamen Weiler.
Die Bewohner haben kein Fahrzeug!
11
km 37,3
Schwer erkennbare Spur im hohen Gras, gerade weiter.
12
km 37,6
Ausblick ins Tal, gerade weiter bergab.
N 44°27'07,3"
E 016°08'25,0"

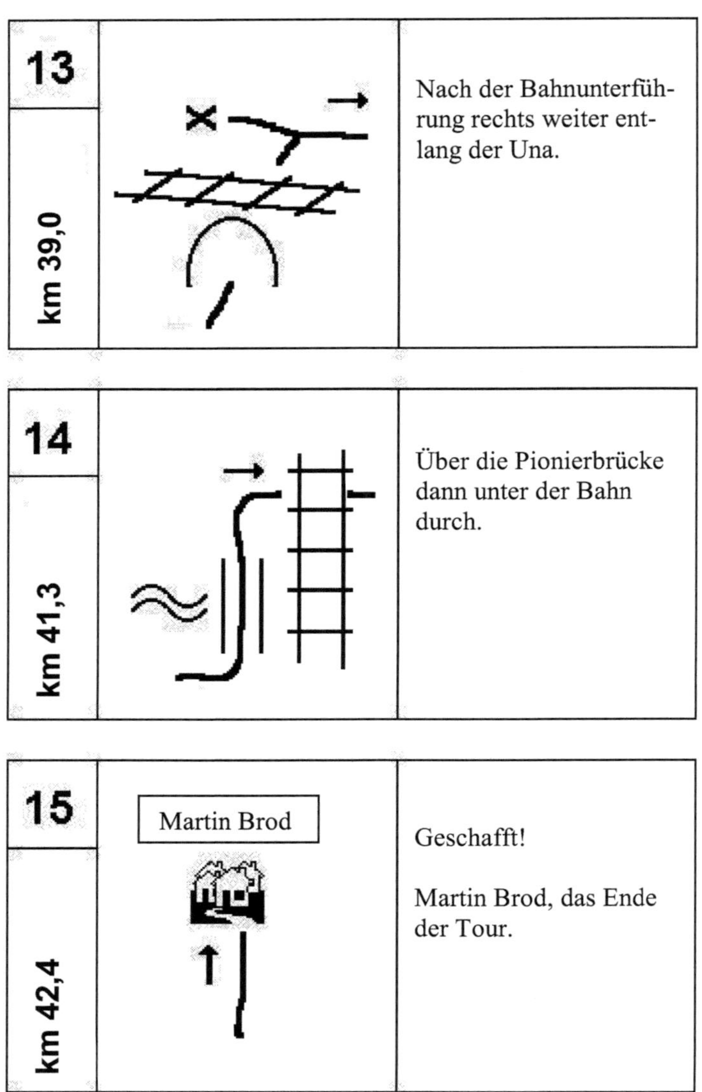

| Nr. | km | Beschreibung |
|---|---|---|
| 13 | km 39,0 | Nach der Bahnunterführung rechts weiter entlang der Una. |
| 14 | km 41,3 | Über die Pionierbrücke dann unter der Bahn durch. |
| 15 | km 42,4 | Geschafft! Martin Brod, das Ende der Tour. |

Skizzen und Notizen

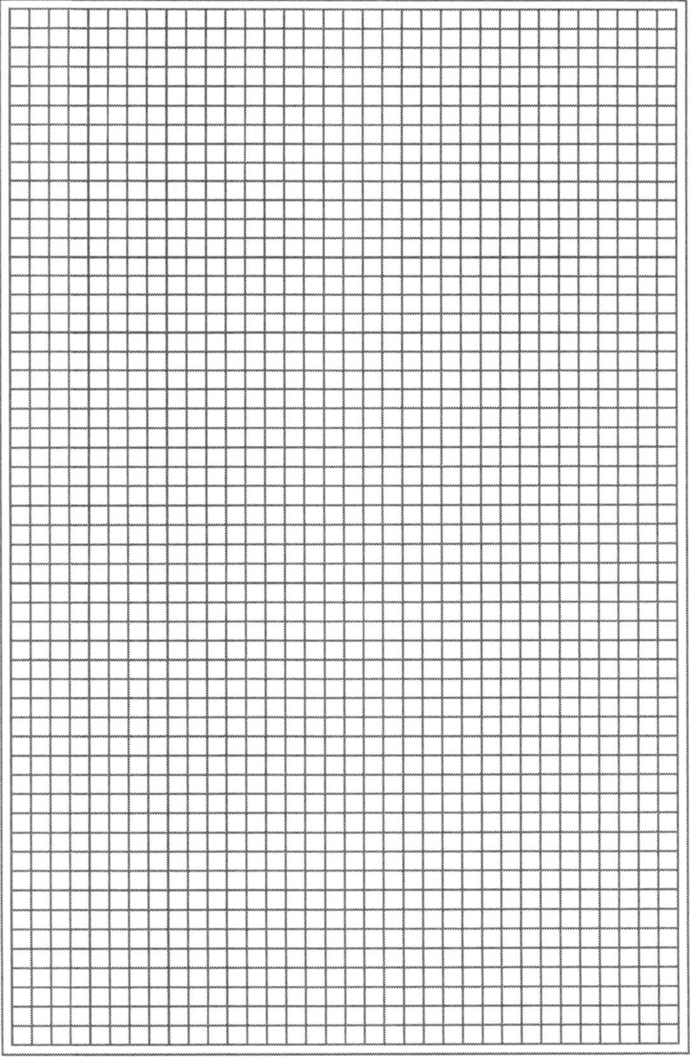

**Kulen Vakuf – Vrtoce**

Für diese Strecke liegen keine Roadbook-Daten vor, sie ist aber leicht zu finden und zugleich der Weg zum Ausgangspunkt der Tour *Vrtoce - Drvar*.

*Kulen Vakuf* 12 Kilometer nach *Martin Brod* am Fluss *Una* gelegen, bietet einladende Gastronomie und auch Zimmer. Sollten Sie jedoch ihr eigenes Quartier in der Natur bevorzugen, geht es erst noch zwei Kilometern weiter Richtung *Bihac*, dann rechts ab und steil bergauf ins Grüne.

Die schilderlose Abzweigung liegt auf
N 44°34'13,4
E 016°05'01,6.

Fahren Sie am nächsten Abzweig links weiter und kämpfen Sie sich die schlammige Piste bergan. Die gesamte Entfernung ist etwa 14 Kilometer und auf halber Strecke lichtet sich der Wald zu einer freien Hochebene. Links, tiefer liegend, einige Gebäude unter einer Baumgruppe und rechts ein schmaler Feldweg weiter steigend. Da oben finden Sie ruhige Plätze für die Nacht.

Die nächste größere Ansammlung von Häusern ist bereits *Vrtoce*, natürlich bar jeder Ortstafel und die breitere Teerstraße ist die von *Bihac* nach *Bosanski Petrovac*. Wir biegen rechts ab zur nächsten Tour.

## Skizzen und Notizen

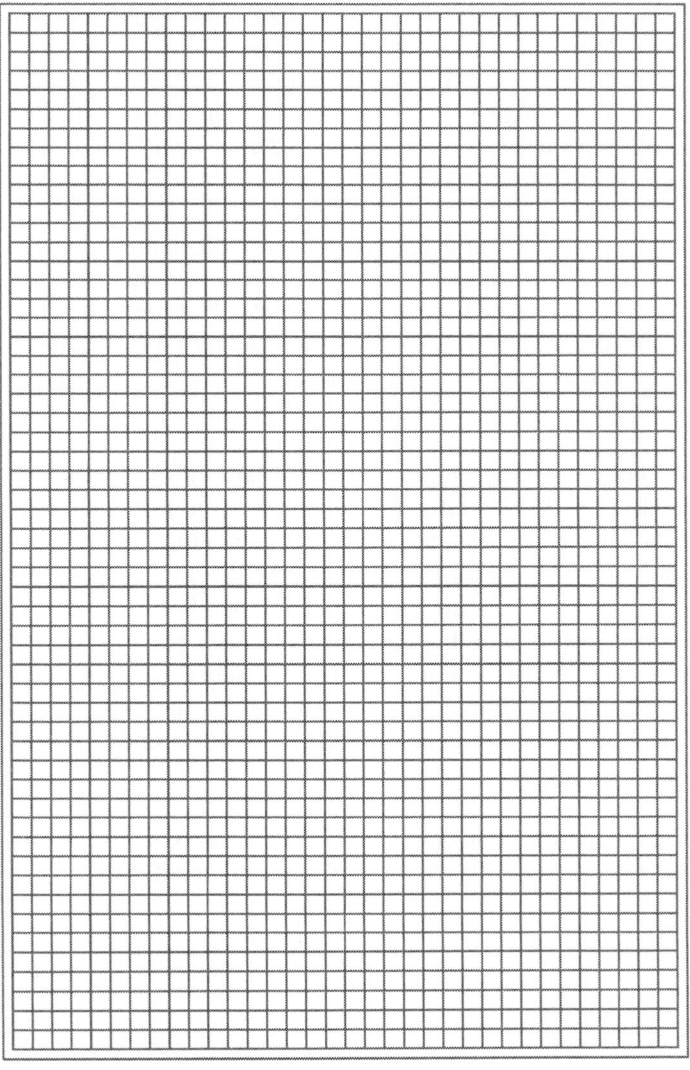

**Vrtoce – Drvar**

Etwas außerhalb der Ortschaft *Vrtoce* in Richtung *Bosanski Petrovac* an der Straße Nummer 5 liegt gut sichtbar und mit großem Schild das Restaurant „DIVNA“ auf der linken Straßenseite. Rechts geht eine Sandstraße ab, der Startpunkt unserer Querroute nach *Drvar* an dem wir den Tageszähler auf null setzten.

Bei Wegpunkt 6 und 6,3 Kilometern seit dem Abzweig, liegt links oben die Burgruine von *Bjelaj*, ein alternativer und sehr stilvoller Übernachtungsplatz. Burgherr für eine Nacht. Wenn um Mittenacht das Käuzchen vom Burgfried ruft, kann es gut sein, dass die Co-Pilotin im Zelt etwas näher rückt.

Die Fahrt führt uns im weiteren Verlauf an der südlichen Flanke des 1795 Meter hohen *Osjecenica* entlang durch alten Mischwaldbestand. Auch hier rege Holzfälltätigkeit, eine ausgiebig genutzte Devisenquelle, wie es scheint. Nach reichlich Naturgenuss mündet der holprige Waldweg unverhofft und auch unverzeichnet in eine breite Asphaltstraße die entlang des *Una* Seitenarms *Unac* nach *Martin Brod* führt. Sie ist absolut verkehrsfrei und Kriechpflanzen versuchen allenthalben verlorenes Terrain zurückzuerobern.

Wir biegen nach links ab und treffen kurz vor *Drvar* auf die Hautstraße 14-2, wo diese Tour dann endet.

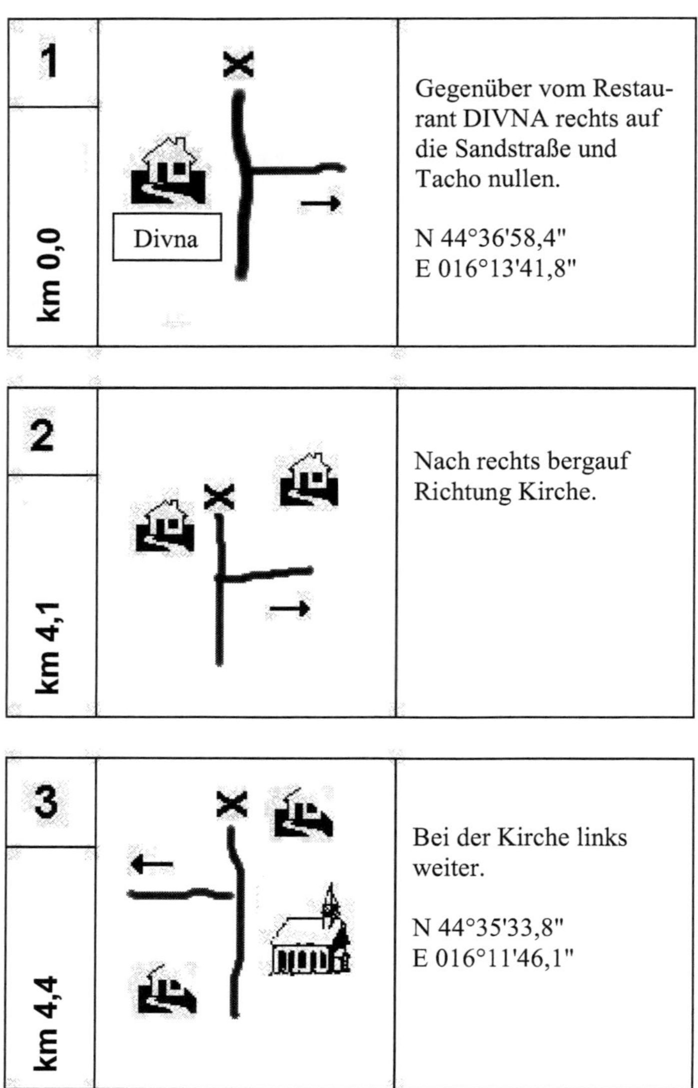


| Nr. / km | Beschreibung |
|---|---|
| 1 – km 0,0 | Gegenüber vom Restaurant DIVNA rechts auf die Sandstraße und Tacho nullen.<br><br>N 44°36'58,4"<br>E 016°13'41,8" |
| 2 – km 4,1 | Nach rechts bergauf Richtung Kirche. |
| 3 – km 4,4 | Bei der Kirche links weiter.<br><br>N 44°35'33,8"<br>E 016°11'46,1" |

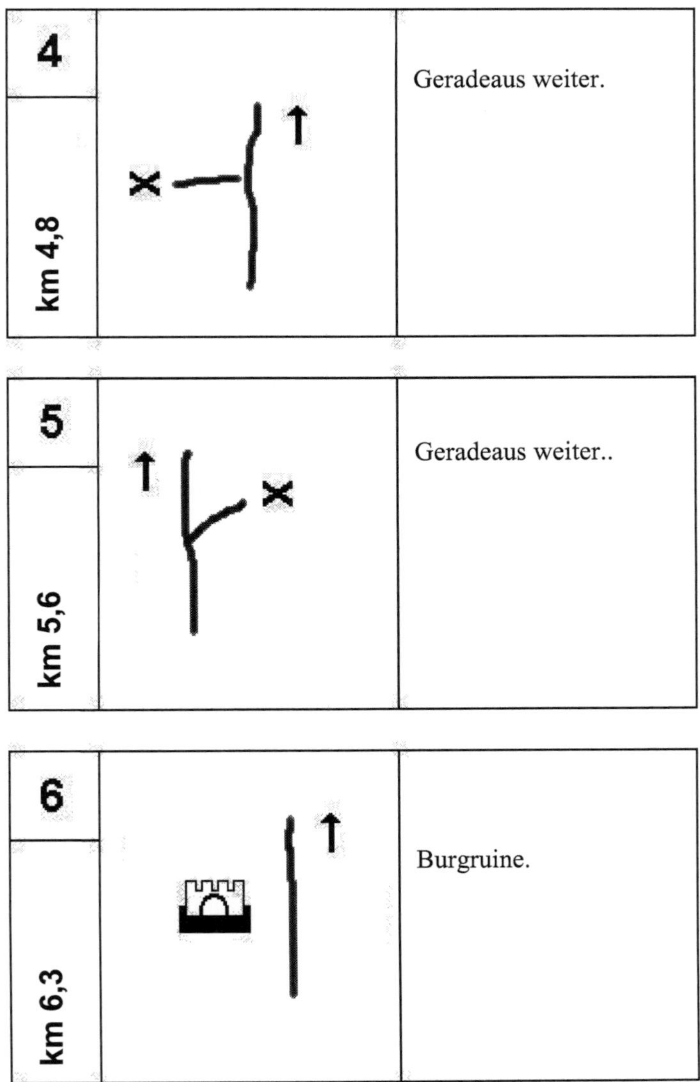

| Nr. | km | | |
|---|---|---|---|
| 4 | km 4,8 | | Geradeaus weiter. |
| 5 | km 5,6 | | Geradeaus weiter.. |
| 6 | km 6,3 | | Burgruine. |

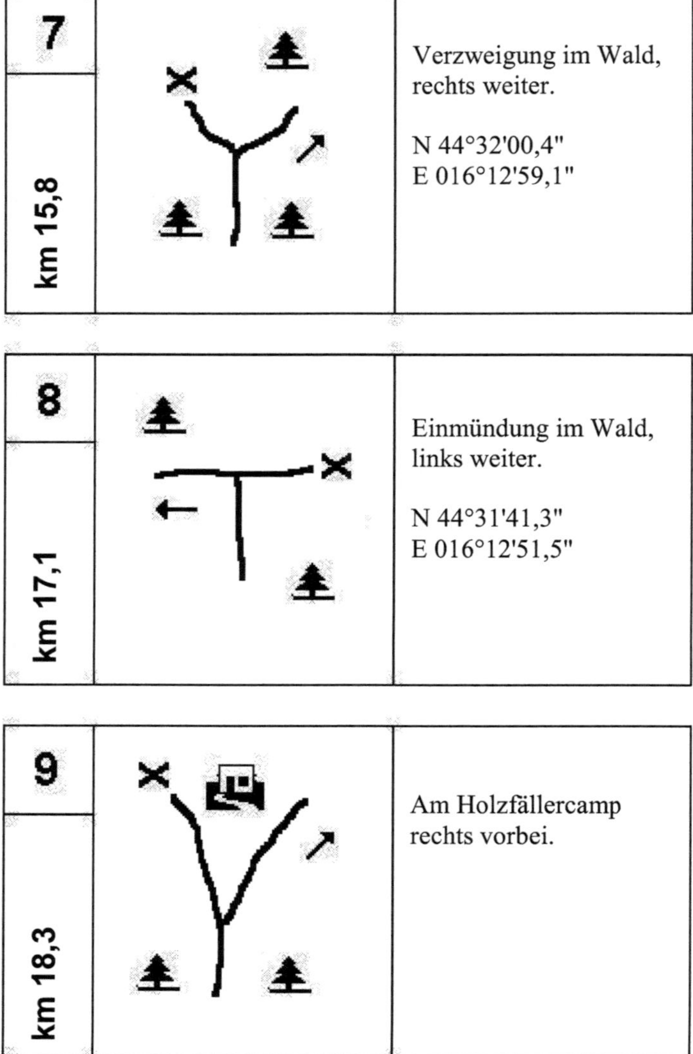

| Nr. | km | Beschreibung |
|---|---|---|
| 7 | km 15,8 | Verzweigung im Wald, rechts weiter.<br><br>N 44°32'00,4"<br>E 016°12'59,1" |
| 8 | km 17,1 | Einmündung im Wald, links weiter.<br><br>N 44°31'41,3"<br>E 016°12'51,5" |
| 9 | km 18,3 | Am Holzfällercamp rechts vorbei. |

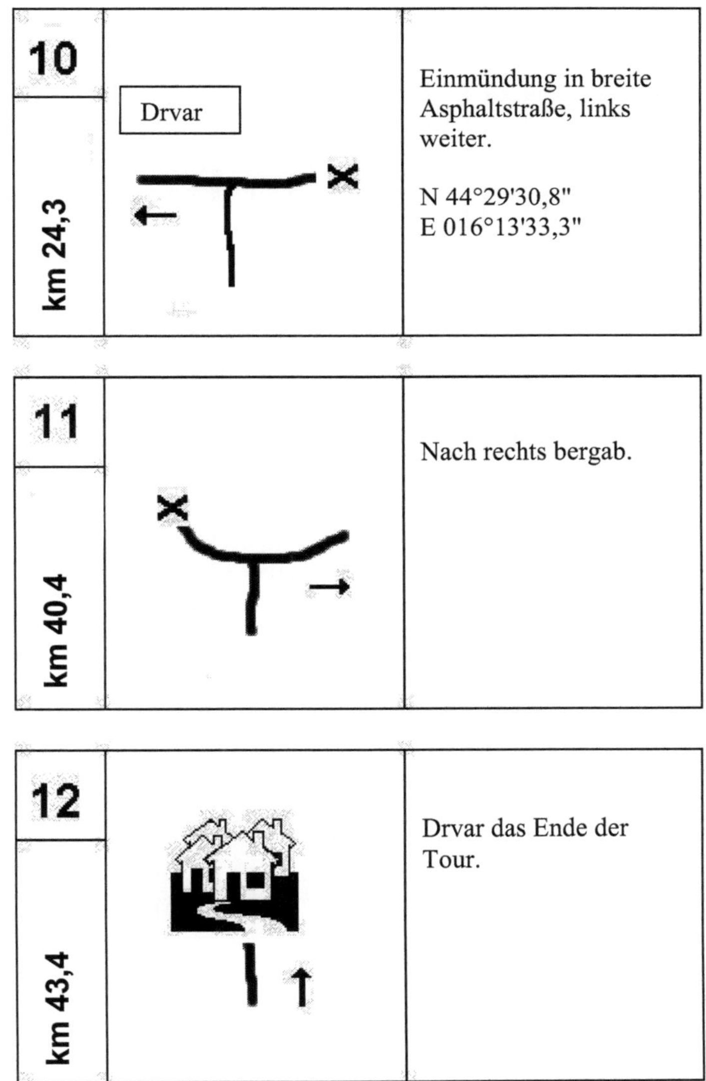

| | | |
|---|---|---|
| 10<br>km 24,3 | Drvar | Einmündung in breite Asphaltstraße, links weiter.<br><br>N 44°29'30,8"<br>E 016°13'33,3" |
| 11<br>km 40,4 | | Nach rechts bergab. |
| 12<br>km 43,4 | | Drvar das Ende der Tour. |

Skizzen und Notizen

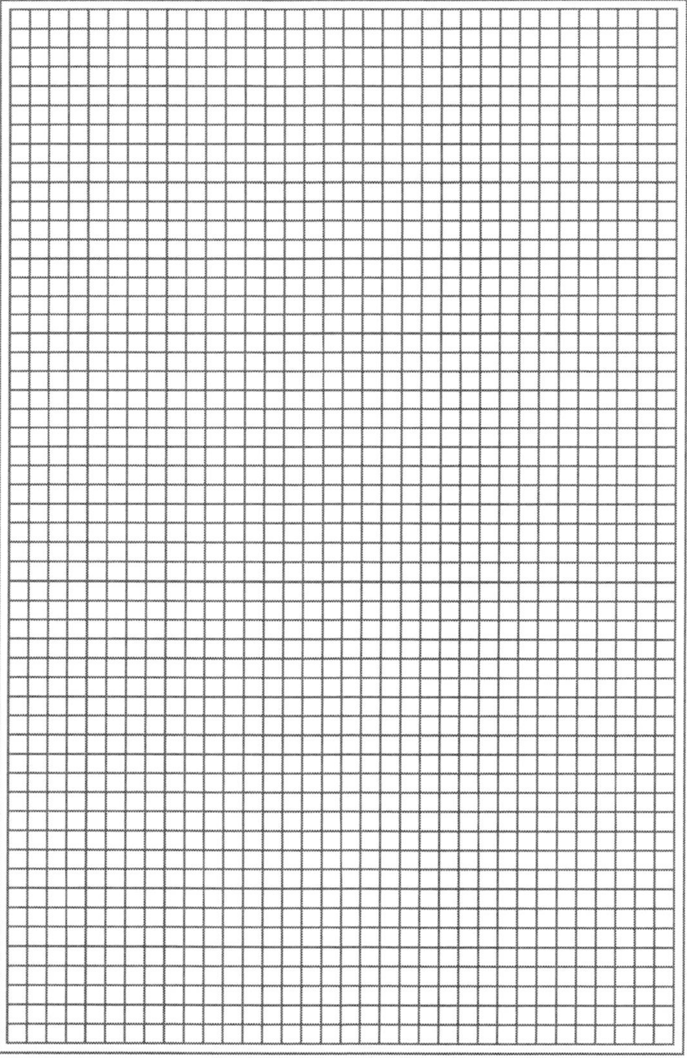

## Resanovci - Preodac

*Preodac* - Tal der dreihunderteins Quellen und Ursprung der *Unac*, man ahnt noch, welche Idylle das einst war und mit Einschränkung vielleicht noch ist. Der Belag der schmalen Straße über die Berge bestand ursprünglich aus handverlegten Steinen und eine Burgruine hoch über der *Unac* kündet ebenfalls von früherer Bedeutung. Jetzt machen gerade die Holzfäller mit schwerstem Gerät den schönen, alten Weg zu Brei.

Ausgangspunkt für die Tour zu den Quellen ist noch mal *Resanovci* an der Straße 6-1 unweit von *Peci*. An der großen Einmündung stellen wir den Tageszähler zurück, fahren aber noch 1,5 Kilometer Richtung *Drvar* weiter. Hier geht es dann rechts weg und in schattigen Buchenwäldern bergauf zu einem kleinen Parallel-Tal der großen Ebene um *Bosanko Grahovo*. In diesem Bereich ist die

Strecke asphaltiert, die Wiesen daneben aber leider vermint.

Ab Kilometer 31,3 haben wir wieder Schotter oder die alten Steine unter den Rädern, die Buchen werden abgelöst von Nadelgehölzen und bei Kilometer 42 tut sich dann das Quellental vor uns auf.

Wie häufig hier, ist auch diese Gemeinde recht verstreut, die ruinöse Kirche steht irgendwo allein in der Landschaft und es gibt einige Wege ab zu fahren um einen Nachtplatz zu finden. Unterhalb der Kirche am Bach war es jedenfalls sehr ruhig. Beim Abendessen kam ein jüngerer Einheimischer vorbei und wollte seine Geschichte als Fernfahrer zwischen Belgrad und Rotterdam loswerden, jetzt sitzt er hier arbeitslos und hütet die elterlichen Schafe.

Ruhiger Übernachtungsplatz im Tal der 301 Quellen.

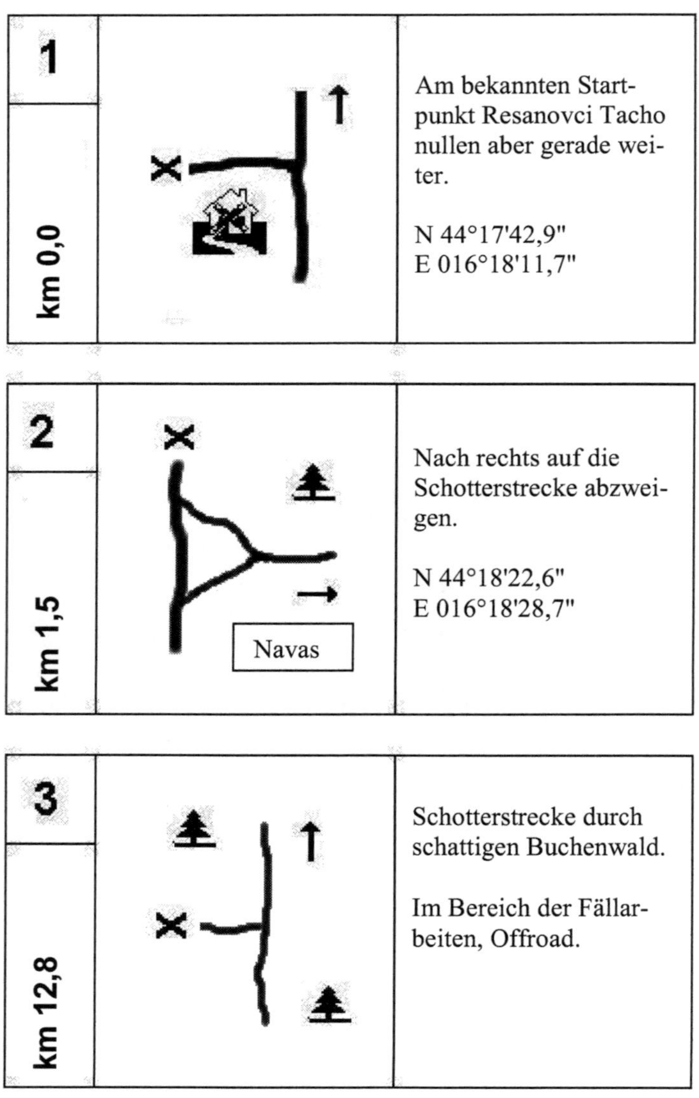


| Nr. | km | Beschreibung |
| --- | --- | --- |
| 1 | km 0,0 | Am bekannten Startpunkt Resanovci Tacho nullen aber gerade weiter.<br>N 44°17'42,9"<br>E 016°18'11,7" |
| 2 | km 1,5 | Nach rechts auf die Schotterstrecke abzweigen.<br>N 44°18'22,6"<br>E 016°18'28,7" |
| 3 | km 12,8 | Schotterstrecke durch schattigen Buchenwald.<br>Im Bereich der Fällarbeiten, Offroad. |

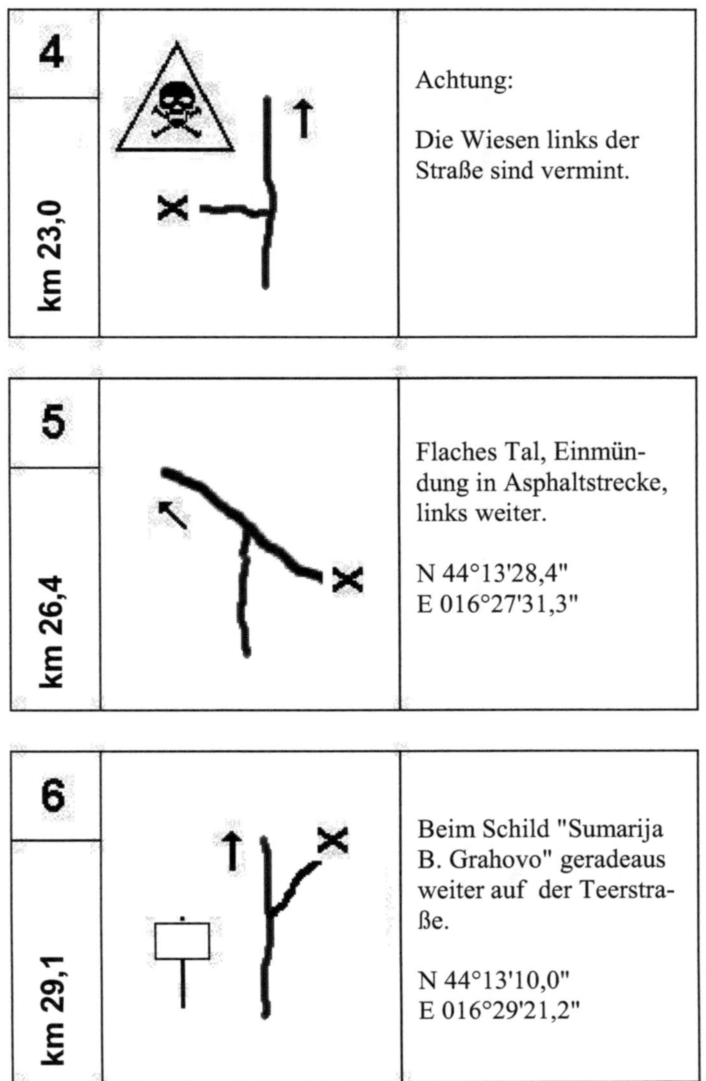

| Nr. | km | Beschreibung |
| --- | --- | --- |
| 4 | km 23,0 | Achtung:<br><br>Die Wiesen links der Straße sind vermint. |
| 5 | km 26,4 | Flaches Tal, Einmündung in Asphaltstrecke, links weiter.<br><br>N 44°13'28,4"<br>E 016°27'31,3" |
| 6 | km 29,1 | Beim Schild "Sumarija B. Grahovo" geradeaus weiter auf der Teerstraße.<br><br>N 44°13'10,0"<br>E 016°29'21,2" |

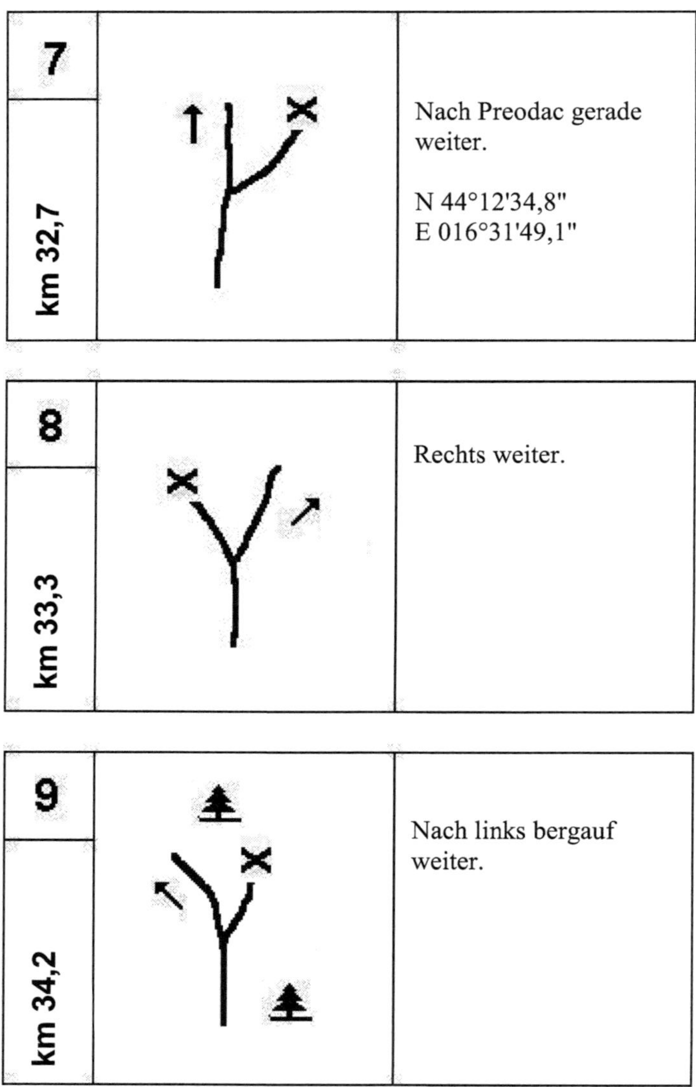

| Nr. | km | | Beschreibung |
|---|---|---|---|
| 7 | km 32,7 | | Nach Preodac gerade weiter.<br><br>N 44°12'34,8"<br>E 016°31'49,1" |
| 8 | km 33,3 | | Rechts weiter. |
| 9 | km 34,2 | | Nach links bergauf weiter. |

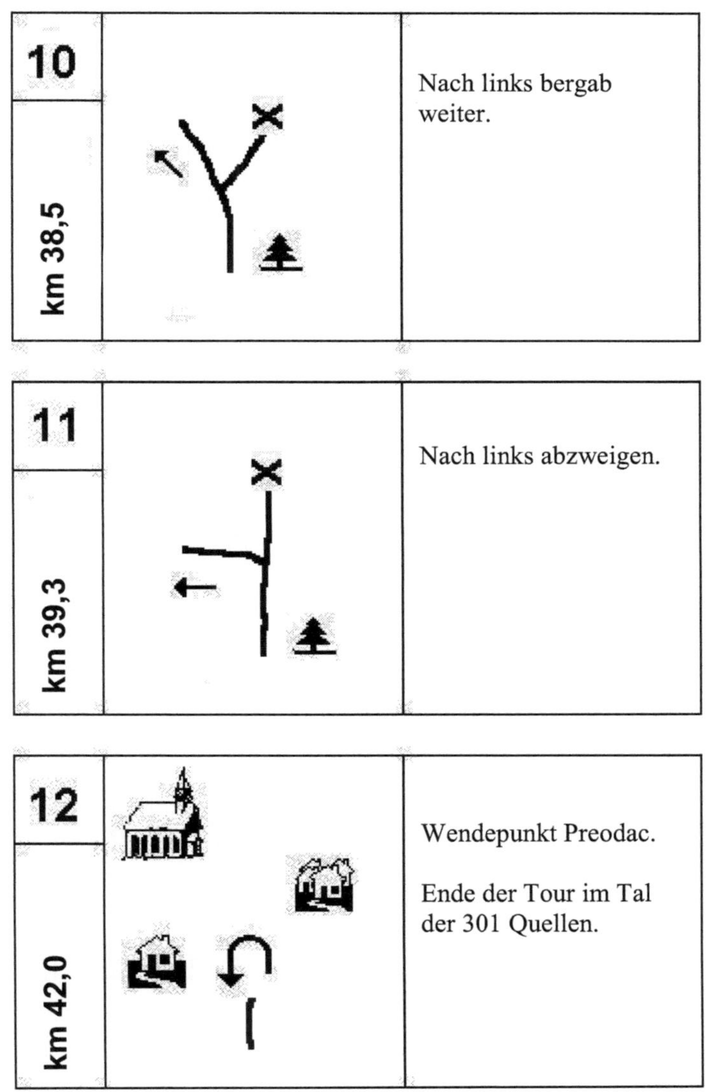
10
km 38,5
Nach links bergab weiter.
11
km 39,3
Nach links abzweigen.
12
km 42,0
Wendepunkt Preodac.
Ende der Tour im Tal der 301 Quellen.

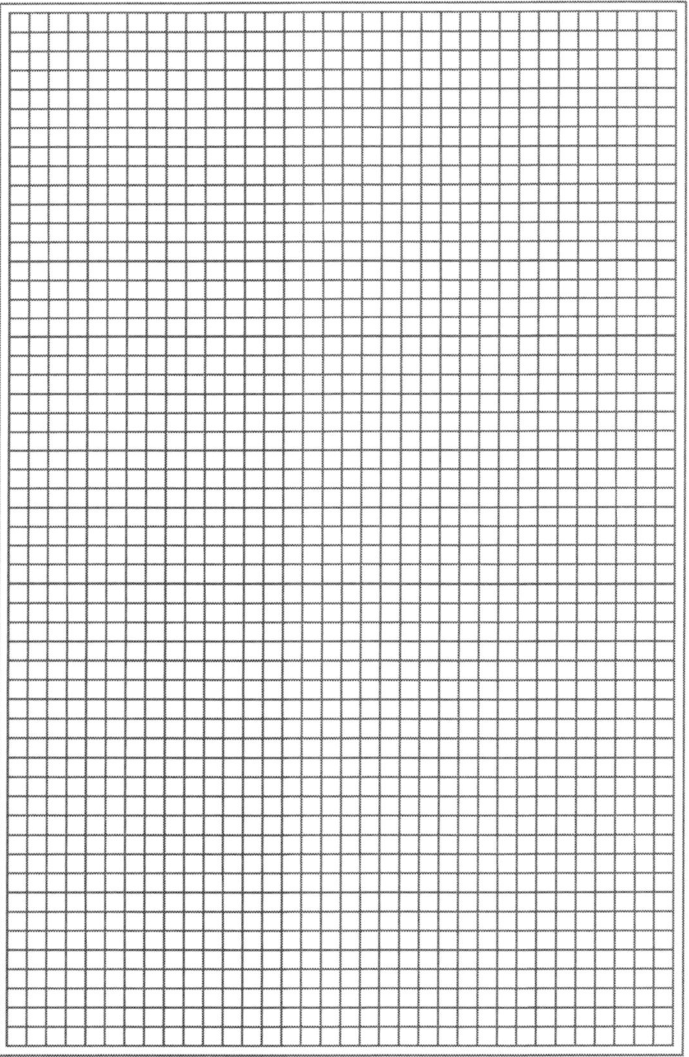

## Preodac - Glamoc

Ein Blick in die Karte lässt vermuten, dass die Weiterfahrt über den Pass *Rore*, die Umrundung des *Sator*-Massivs und eine Talfahrt auf der Ostseite des *Staretina*-Gebirgszuges Richtung *Glamoc* lohnend sein könnte.

Drücken wir also den Kilometerzähler bei den letzten Ruinen von *Preodac* auf null, fahren durch den Holzsammelplatz und an der Abzweigung bei Kilometer 0,8 links weiter.

Verkehrszeichen in der Wildnis.

Auf der Passhöhe kommt der Offroader dann doch ins Staunen. Wegweiser, arg verrostet zwar aber von der Ausführung her eher einem verkehrsreichen Knoten angemessen und nicht der Wildnis hier. Zwei Wege nach *Glamoc* sind demnach möglich, wir nehmen den Rechten über *Nedugorje*. Bei Kilometer 6,8 gilt es bei einem Holzfällercamp eine Schlammdurchfahrt von beachtlicher Tiefe zu meistern, aber der „Samurai“ war nicht auf zu halten. Vier Kilometer weiter ist der *Sator* umfahren und gibt einen ersten Blick ins diesseitige Tal frei.

Die Täler der Region haben ja alle diesen Charakter absoluter Ebene, aber der Blick hinunter fasziniert doch immer wieder. Die restliche Streck zieht sich etwas hin, aber bei Kilometer 36,2 taucht dann ein Schlagbaum mit Posten auf. Der Mann öffnet ohne zu fragen und damit erreichen wir das Tal bei den Häusern von *Halapic*. Drei Kilometer weiter endet die Tour an der Einmündung in die Straße Nummer 15, direkt gegenüber dem großen SVOR-Quartier.

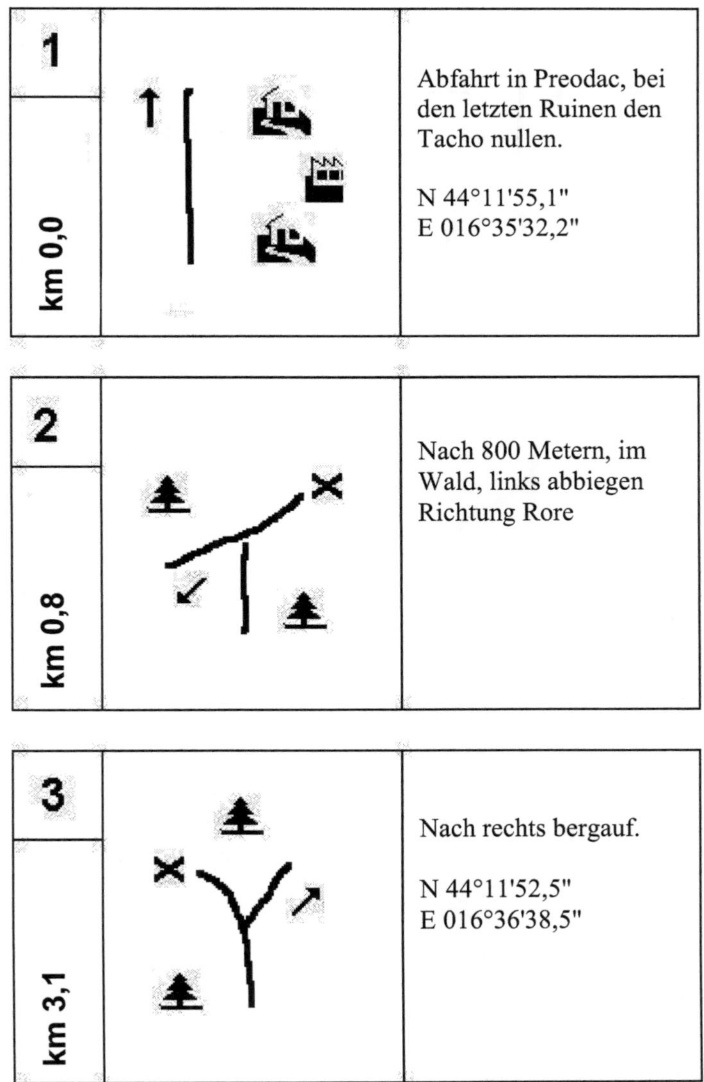

| Nr. | km | Beschreibung |
|---|---|---|
| 1 | km 0,0 | Abfahrt in Preodac, bei den letzten Ruinen den Tacho nullen.<br><br>N 44°11'55,1"<br>E 016°35'32,2" |
| 2 | km 0,8 | Nach 800 Metern, im Wald, links abbiegen Richtung Rore |
| 3 | km 3,1 | Nach rechts bergauf.<br><br>N 44°11'52,5"<br>E 016°36'38,5" |

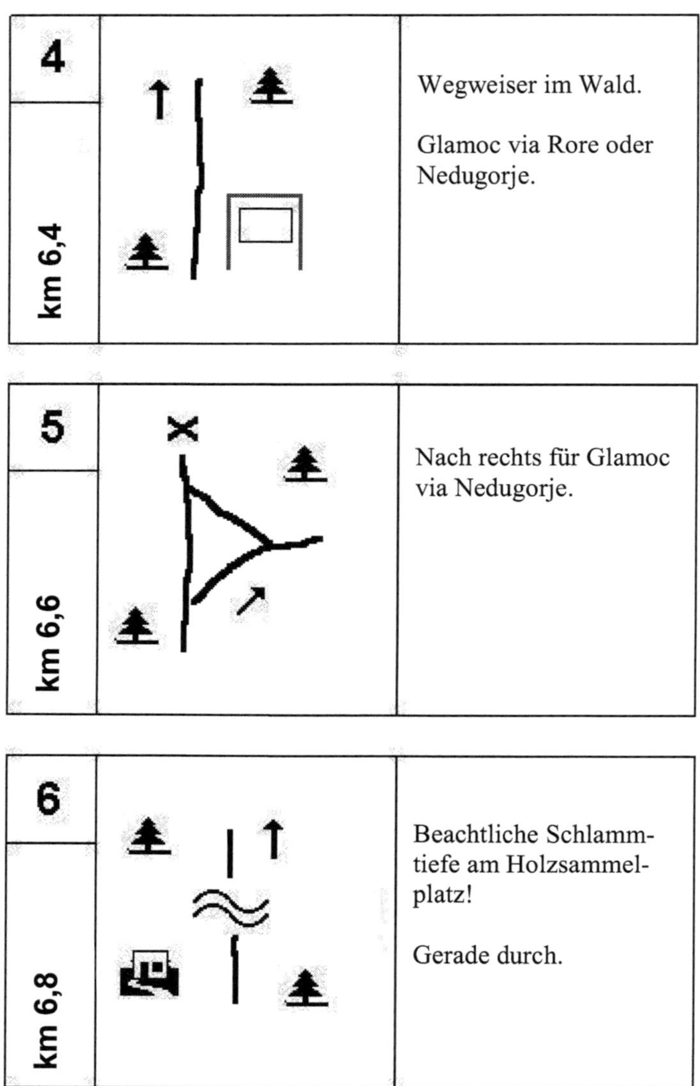

| Nr. | km | | |
|---|---|---|---|
| 4 | km 6,4 | | Wegweiser im Wald.<br><br>Glamoc via Rore oder Nedugorje. |
| 5 | km 6,6 | | Nach rechts für Glamoc via Nedugorje. |
| 6 | km 6,8 | | Beachtliche Schlamm-tiefe am Holzsammel-platz!<br><br>Gerade durch. |

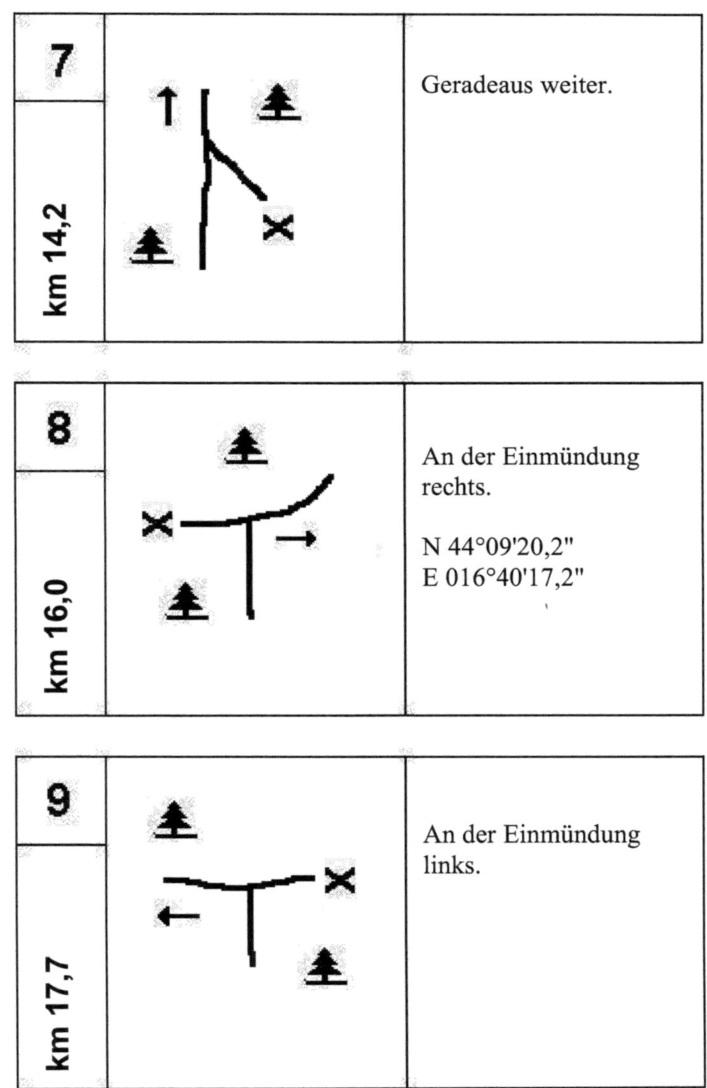

| Nr. | km | Beschreibung |
|---|---|---|
| 7 | km 14,2 | Geradeaus weiter. |
| 8 | km 16,0 | An der Einmündung rechts.<br><br>N 44°09'20,2"<br>E 016°40'17,2" |
| 9 | km 17,7 | An der Einmündung links. |

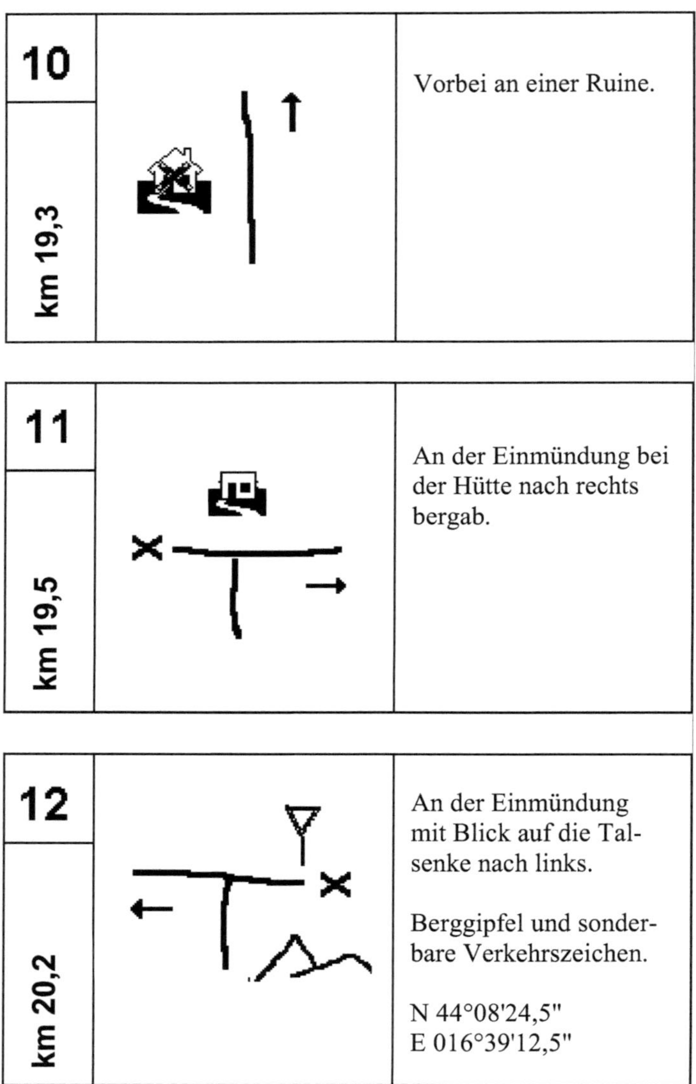

| Nr. | km | Skizze | Beschreibung |
|---|---|---|---|
| 10 | km 19,3 | | Vorbei an einer Ruine. |
| 11 | km 19,5 | | An der Einmündung bei der Hütte nach rechts bergab. |
| 12 | km 20,2 | | An der Einmündung mit Blick auf die Talsenke nach links.<br><br>Berggipfel und sonderbare Verkehrszeichen.<br><br>N 44°08'24,5"<br>E 016°39'12,5" |

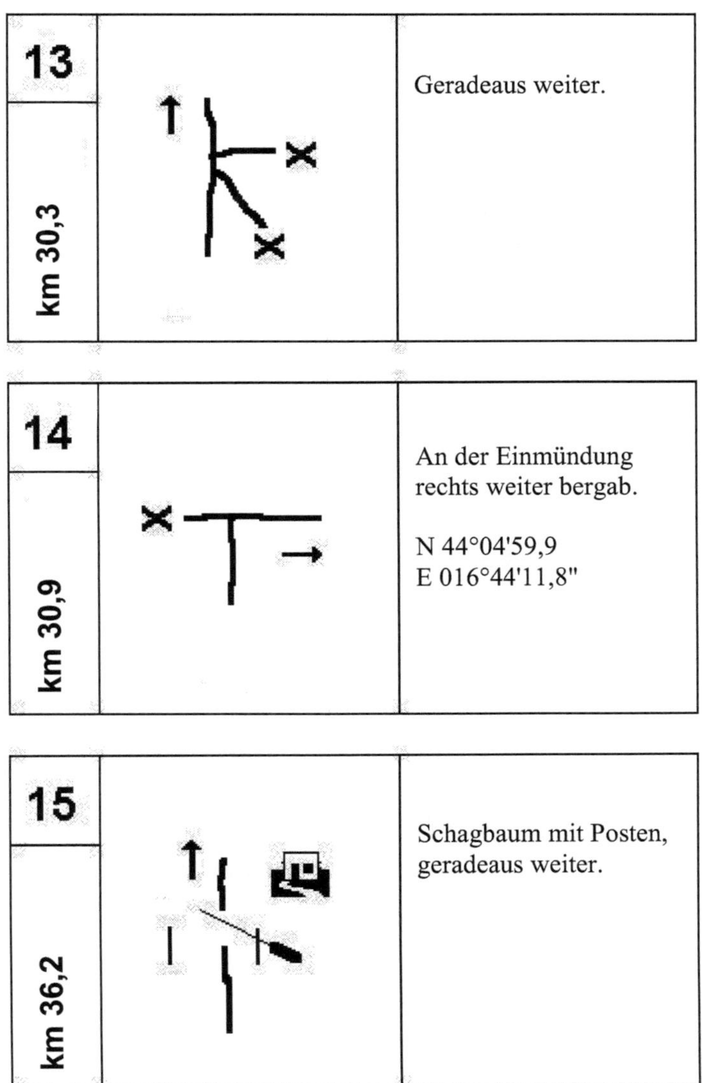

| Nr. | km | | |
|---|---|---|---|
| 13 | km 30,3 | | Geradeaus weiter. |
| 14 | km 30,9 | | An der Einmündung rechts weiter bergab.<br><br>N 44°04'59,9<br>E 016°44'11,8" |
| 15 | km 36,2 | | Schagbaum mit Posten, geradeaus weiter. |

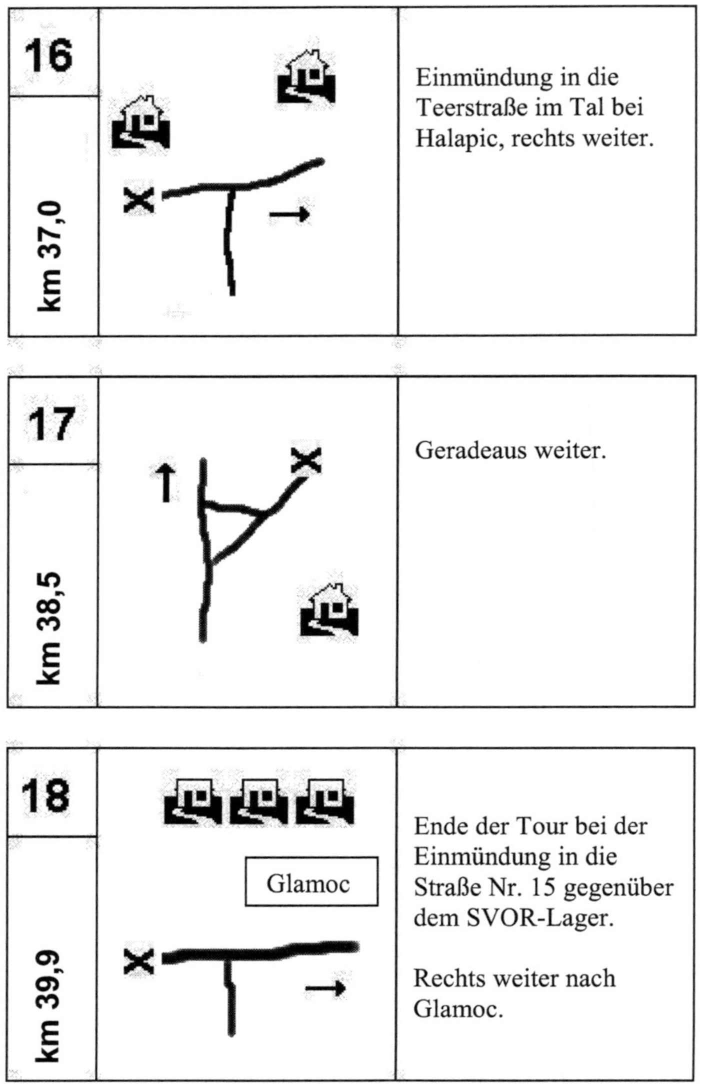
16
km 37,0
Einmündung in die Teerstraße im Tal bei Halapic, rechts weiter.
17
km 38,5
Geradeaus weiter.
18
km 39,9
Glamoc
Ende der Tour bei der Einmündung in die Straße Nr. 15 gegenüber dem SVOR-Lager.
Rechts weiter nach Glamoc.

# Skizzen und Notizen

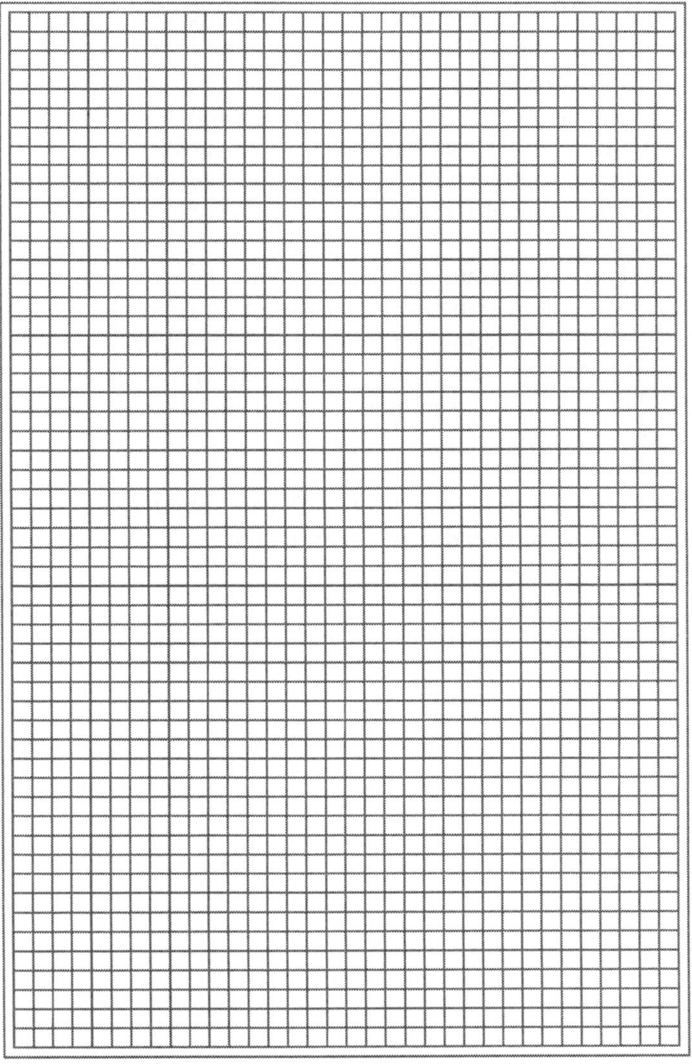

**Prolog - Obrovac Sinjski**

Vorerst nur eine Vormerkung ist die Strecke über den *Kamesnica*, einen Bergrücken zwischen *Livno* und *Sinj*. Auf der Karte ist die Pass-Straße grün markiert und eine Aussicht bis weit über *Split* hinaus kann man sich gut vorstellen. Leider verläuft dazwischen aber die Grenze zwischen Kroatien und Bosnien – Herzegowina und der Übergang ist nicht für den Verkehr geöffnet.

Der Grenzposten auf bosnischer Seite hätte gegen eine Befahrung nichts einzuwenden, aber auf kroatischer Seite dulde man hier keine Einreise, so seine Auskunft. Vielleicht sollte man es ja mal von Kroatien aus versuchen und bei ähnlicher Argumentation auf die bosnische Auskunft verweisen.

Der unbeschilderte Abzweig auf den Schotterpass liegt von *Livno* kommend, zwei Kilometer nach *Prolog* auf Position:

N 43°49’15,9“ – E 016°49’09,9“

## Skizzen und Notizen

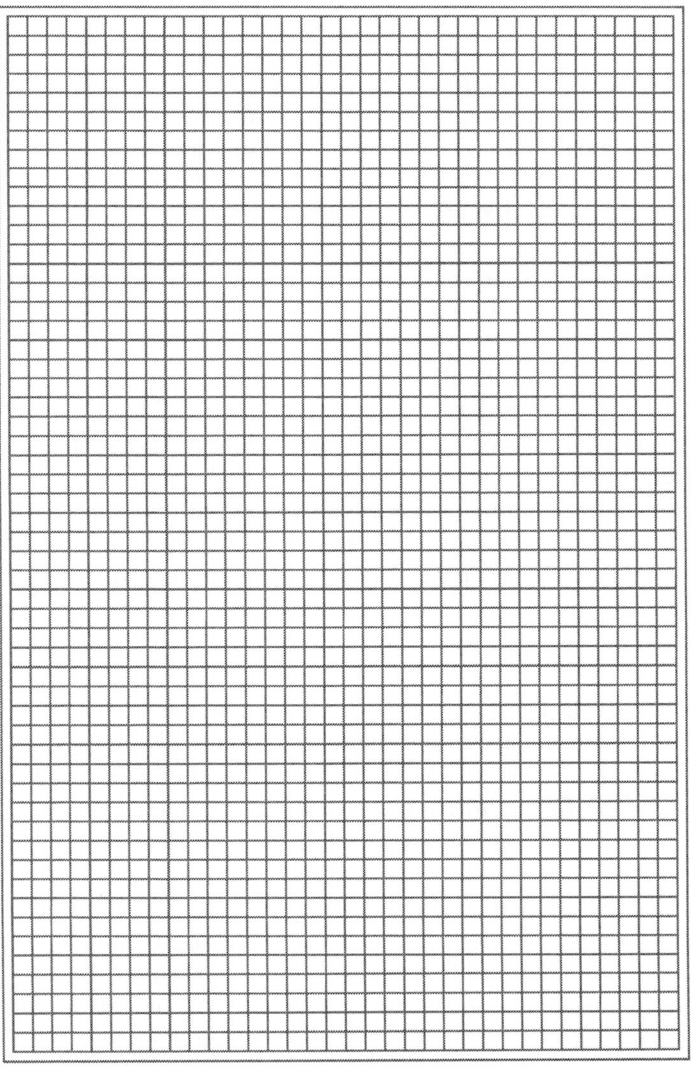

**Ausrüstung**

Grundsätzlich sind die hier vorgeschlagenen Touren mit jedem serienmäßigen 4x4 Fahrzeug und zuschaltbarer Untersetzung spielend zu befahren. Die Untersetzung wird eher selten benötigt, aber Bodenfreiheit ist oft gefordert. Unverzichtbar ist für mich der Lenkradknopf.

Wer Seilwinden am Fahrzeug hat, toll, ich habe nur einen Hebelzug dabei, der eben auch unabhängig vom Fahrzeugstandort eingesetzt werden kann, um Bäume und Felsen aus dem Weg zu ziehen.

Was ich mit Abstand am meisten benötige ist eine Handsäge für dickeres Holz, denn in einsamen Gebieten liegen immer mal Bäume quer und da reicht der "Leatherman" nicht mehr aus. Um zugewachsene Abschnitte freizulegen oder Äste zu kappen verwende ich eine große Hebelschere aus dem Gartencenter. Das geht um vieles schneller und müheloser als mit einer Machete auf das federnde Jungholz einzuschlagen und gar zugespitzte Stummel zu erzeugen.

Nach einer Häufung von Reifenpannen möchte ich zur Mitnahme von Reserveschläuchen raten. Bei mir sind es immer die Flanken die vom scharfen Schotter zerschnitten werden, offensichtlich ist da einfach zu wenig Gummi drauf.

Einen guten Schlafsack habe ich stets im Auto liegen, auch wenn ich nicht vorhabe irgendwo zu übernachten. Was nützt das beste Fahrzeug, wenn man wegen anderer im Schneechaos nicht mehr von der Autobahn runter kommt und auf eine Decke vom Roten Kreuz warten muss.

Bei Touren ins Gebirge oder einsamere Gegenden ist an Trinkwasser und eine Notration (z.B. Offroad-Trockenfutter) zu denken, auch wenn man am Abend zurück sein will. Ein Gewitter, ein umgefallener Baum oder Murenabgang auf der Rückfahrstrecke und alles kommt anders.

Ein handliches GPS-Gerät ist natürlich auch zu empfehlen. Besonders dann, wenn Sie Off-Roadbook-Touren in einem Land nachfahren wollen, in dem Ortsschilder und Wegweiser noch die Ausnahme sind. Bei Reisen mit mehreren Fahrzeugen sind Funkgeräte praktisch.

## Offroad-Trockenfutter-Rezept

Je eine Packung Rosinen, ganze Haselnüsse, ganze Mandeln, kernige Haferflocken und 200 Gramm Zartbitter-Couverture. Mit einem scharfen Messer dünne Scheiben von den Couverture splittern, die Nüsse gegen Aromaverlust und Austrocknung ganz lassen, alles mischen, in ein luftdichtes Gefäß füllen und gleich einen kleinen Löffel mit dazu stecken.

Das Offroad-Trockenfutter schmeckt nicht nur im Notfall, sondern auch im Büro. Es hält sich sehr lange und braucht nicht gekühlt werden, trotzdem sollte man es gelegentlich wegessen und Frisches mischen. Beim Frühstück zu Haus mit Milch und Apfelschnitzen wird ganz einfach Müsli daraus.

## Fahrtechnik

Dieser Abschnitt richtet sich an jene Fahrer, die ihren Vierrad getriebenen Untersatz selten oder nie in steilem Gelände auf Schotterpisten bewegt haben. Vielleicht brauchen Sie ihn ja hauptsächlich um Ihren Wohnwagen zu ziehen, egal, jetzt wollen Sie wissen was er sonst noch kann.

Soviel vorweg, was seine Leistung in Steigung, Gefälle und Hanglage betrifft, wird wahrscheinlich eher Sie der Mut verlassen, bevor er seine vier Räder streckt. Dennoch, eine abgelegene Bergpassage und ein voll gepacktes Urlaubsfahrzeug sind nicht geeignet, sich an diese Grenzen heranzutasten!

Ich empfehle Ihnen mit Ihrem eigenen Fahrzeug an einem ADAC Offroad-Intensivtraining teilzunehmen. Auf der eintägigen Veranstaltung erfahren Sie am Vormittag einiges über die Bereifung, dem einzigen Bindeglied zwischen Fahrzeug und Untergrund. Dann können Sie auf nassen Spezialbelägen vollbremsen, schleudern und Heckausbrüche abfangen, Erfahrungen, die Sie sonst hoffentlich nicht machen müssen. Auf einer engen Kreisstrecke lernen Sie wann und vor allem wie Ihr Offroader ausbricht. Über den Bug oder mit dem Heck zuerst, dass sollten Sie für den Ernstfall auch wissen.

Am Nachmittag geht es dann auf den Geländeparcour und wären da nicht schon ein paar Reifenspuren an den Hängen, Sie würden die Steigungen und Neigungen für unfahrbar halten. Eine Stunde später fahren Sie diese Passagen selbst souverän und sind gerüstet für die nächste Offroad-Tour.

Ihren vorgesehenen Urlaubs-Co-Pilot sollten Sie auch mit zum Training nehmen, das spart vor Ort Diskussionen über die Befahrbarkeit und qualifiziert ihn außerdem zum sachkundigen Einweiser.

Der Ernstfall: Eine extreme Steilabfahrt und plötzlich eine ausgespülte Querrinne, die tiefer scheint als die Ölwanne höher liegt. Sofort Vollbremsung, keine Stotterbremse und nicht auskuppeln. Wenn Wagen und damit auch der Motor steht, die Handbremse ziehen, fertig. Die Rinne mit Steinen füllen oder das Hindernis entfernen. Handbremse lösen, nicht kuppeln oder bremsen, sondern mit eingelegtem Gang den Motor starten und ohne abrutschen weiterfahren.

Die Physik: Bedingt durch die geringe Bodenhaftung auf losem Untergrund bremst der Reifen nicht durch die übliche Reibung, sondern mit einem Schotterkeil, der sich vor den blockierten Rädern bildet. Mit jedem lösen der Bremse rollen Sie sofort über diesen Keil und müssen ihn erneut aufbauen, das kostet entscheidende Meter.

Um Offroad-Fahrtechnik noch weiter zu vertiefen bieten auch andere Clubs und Unternehmen Kurse, geführte Touren und Einweisung in Bergetechniken an. Informationen dazu finden sich in den Fachzeitschriften und im Internet.

Für Ihre Touren abseits von Asphalt und Teer wünsche ich Ihnen immer genug Luft in den Reifen und unter der Ölwanne.

**Werbung**

60 Gedichte zum Vorlesen nach dem 5. Bier ☺

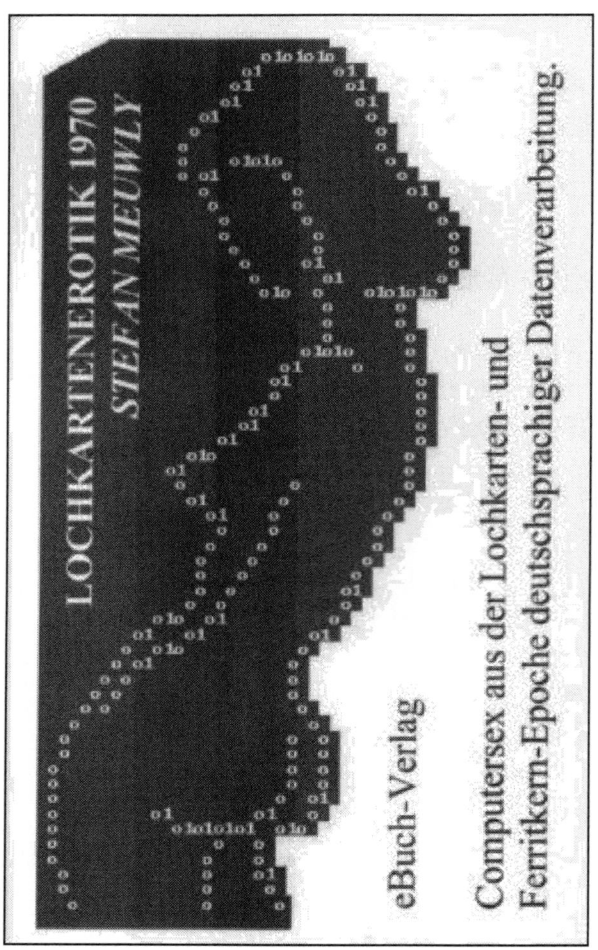


ISBN 3-936408-00-9

eBuch-Verlag
Postfach 1365
83293 Traunreut

lektorat@ebuch-verlag.de